home coaching

WOHNRÄUME GESTALTEN

Corinne Kuperberg
Fotos: Sylvie Durand

FLEURUS IDEE

INHALT

RÄUME GESTALTEN

BÖDEN UND WÄNDE GESTALTEN

DER ESSBEREICH

EIN GEMÜTLICHES WOHNZIMMER

EIN RAUM ZUM WOHLFÜHLEN

Die Gestaltung eines Wohn- oder Esszimmers bzw. eines kombinierten Wohn-Essbereichs in einem einzigen großen Raum scheint auf den ersten Blick einfacher zu sein und weniger Anforderungen genügen zu müssen als die Einrichtung einer Küche oder eines Badezimmers. Dennoch sollte die Ausgestaltung von Wohnräumen keinesfalls ohne gründliche Planung erfolgen, besonders wenn die Räumlichkeiten nicht ideal erscheinen. Im besten Fall verbindet sich in einem für Familie und Freunde so wichtigen Raum Ästhetik mit Alltagstauglichkeit und einem guten Wohngefühl. Meistens kann man schon mit ein paar kleinen Veränderungen viel bewirken: eine neue Anordnung der Möbel, ein paar Pinselstriche oder Deko-Elemente hie und da – all das kann einen Raum neu beleben und ihn gleichermaßen praktisch und komfortabel machen. Wir möchten Ihnen daher helfen, die Einrichtung Ihres Wohnraums neu zu entwerfen und zu gestalten. Natürlich können Sie dabei die neuesten Deko-Trends und Innovationen kennenlernen. Informationen, Tipps und Beispiele mit vielen Fotos sollen Sie inspirieren. Lassen Sie Ihrer Kreativität freien Lauf!

RÄUME GESTALTEN

Harmonie und Gastlichkeit

Unsere Art zu leben hat sich verändert. Die zur Verfügung stehende Fläche hat abgenommen, besonders in den Städten. Das schlägt sich auch bei der Größe des Wohnraums nieder. Um dennoch auf Großzügigkeit und Komfort nicht zu verzichten, könnte man z. B. Wohn- und Essbereich gemeinsam in einem großen Raum unterbringen, der dadurch offener, großzügiger und viel lebendiger wirkt. Er sollte für vielerlei Aktivitäten nutzbar sein: für ein Mittagsschläfchen, zum Fernsehen oder Lesen, für Familienabende oder Besuch und vielleicht sogar als Zweitbüro. Die Ausstattung müsste alle diese Wünsche berücksichtigen.

Ein einladender Ort

Achten Sie doch einmal auf den ersten Eindruck, den Sie bekommen, wenn Sie Ihr Wohnzimmer betreten. Was fällt Ihnen zuerst auf? Ist es gut gelungen? Dreht das Sofa Ihrem Besuch etwa den Rücken zu? Wäre es nicht einladender, es vor einer Wand zu platzieren, damit es offen und einladend wirkt?
Entdecken Sie die Stärken Ihres Wohnraumes, um daraus etwas zu machen: Vielleicht hat es einen Kaminofen oder ein großes Fenster mit einem besonders schönen Ausblick? Nehmen Sie diese Stärke als Ausgangspunkt. Für eine strukturiertere Raumaufteilung kann man auch separate Bereiche schaffen (eine Lese-, Fernseh- oder Essecke) und sie durch einen einheitlichen Stil vom Rest des Zimmers abheben.

Die Strenge dieses Raums wird durch zwei verschiedene Sofabereiche aufgehoben. Einer davon ist für gemeinsames Fernsehen vorgesehen.

▲ In diesem Raum ist es gelungen, eine behagliche, intime Atmosphäre zu schaffen. Der Kamin ist das Highlight. Er hat die Anordnung der gemauerten Sitzelemente bestimmt, die nach Maß angefertigt wurden.

Welches Wohnzimmer passt zu Ihnen?

Denken Sie über Ihren Lebensstil nach und die Bedürfnisse, die sich daraus ergeben. Wenn Sie nicht gern Gäste zum Essen einladen, wäre es doch unsinnig, viel Platz für einen großen Tisch zu verschwenden. Spielen Ihre Kinder gern im Wohnzimmer, reservieren Sie ihnen vielleicht eine eigene Spielecke, sodass Ihr Sofa nicht mit Spielsachen und Büchern überhäuft wird. Sollten Sie ab und zu im Wohnzimmer arbeiten, könnten Sie sich eine kleine Ablage schaffen, damit Sie nicht jedes Mal alles wegräumen müssen, wenn dort gegessen werden soll. Auch der Platz für Ihr Multimedia-Equipment sollte gut gewählt werden: Der Fernseher gibt häufig vor, wo die Couch steht. Wenn Sie täglich Filme oder andere Sendungen anschauen, sollte dieser Platz möglichst bequem sein. Ein großer Fortschritt sind Flachbildschirme, denn sie nehmen weniger Platz in Anspruch als ihre Vorgänger und sind auch vom Design her eine erfreuliche Verbesserung.

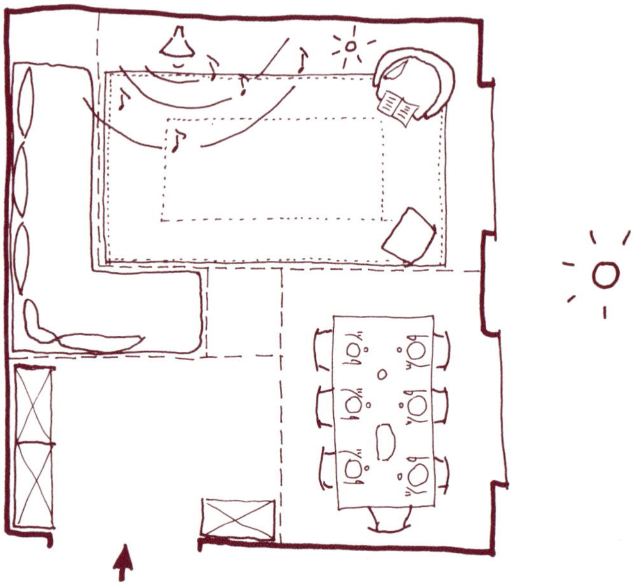

▼ Dieser große Wohn-Ess-Raum ist aus zwei Zimmern entstanden. Der Schwarz-Weiß-Kontrast betont auf gelungene Weise die verschiedenen Bereiche.

Jeder Bereich hat seine Funktion

Wenn Sie sich erst einmal darüber klar sind, was Sie brauchen, finden Sie heraus, welcher Bereich Ihres Zimmers sich am besten für diese oder jene Nutzung anbietet. Zum Essen oder Arbeiten wird man zumeist einen Ort mit Tageslichteinfall wählen. Für den visuellen Genuss in der Fernsehecke hingegen ist ein nicht so heller Ort eher geeignet.

Denken Sie auch an den Platz, den Sie zum Durchgehen brauchen, damit Sie sich nicht beengt fühlen.

Es ist sehr vorteilhaft, den Essplatz in Küchennähe unterzubringen, besonders wenn die Küche direkt an den Wohnraum anschließt.

Achten Sie auch darauf, dass Ihre Möbel Sie nicht beim Öffnen eines Fensters behindern oder den Weg in ein anderes Zimmer verstellen.

Die Essecke wird hier von einer Glastür abgeschirmt, Bestandteil eines früheren Ateliers.

Entwerfen leicht gemacht

▶ Sind Sie bereit, sich an die neue Gestaltung Ihres Wohnzimmers zu machen? Bewaffnen Sie sich zunächst mit einem Blatt kariertem Papier und zeichnen Sie seinen Grundriss in einem einheitlichen Maßstab.

▶ Auf ein anderes Blatt zeichnen Sie im gleichen Maßstab die Umrisse Ihrer Möbel und schneiden die Formen aus. Nun können Sie sie ganz leicht auf Ihrem Plan hin- und herschieben, um ihren idealen Platz herauszufinden.

Dieser Raumteiler ist von beiden Seiten zugänglich. Er berührt weder die Decke noch den Boden, um den Effekt von Abgeschlossenheit zu vermeiden. Der Wechsel von offenen und geschlossenen Elementen ruft ein Gefühl von Leichtigkeit hervor.

Unterteilen ohne abzutrennen

Fast jeder liebt einen weiten Horizont, so scheint es. Der Trend der letzten Jahre ist es jedenfalls, Trennwände abzureißen, die früher die Räume unterteilten.
Wenn Sie offen gestaltete Räume lieben, die dennoch strukturiert sein sollen, versuchen Sie es einmal mit einem kleinen Raumteiler, der alles ein wenig gemütlicher wirken lässt, ohne den Raum vollständig zu teilen. Haben Sie schon an Raumteiler gedacht, die man leicht wieder verschwinden lassen kann: etwa flache Möbel, ein niedriges Büffet oder ein Regal ohne Rückwand, das von beiden Seiten zugänglich ist und daher weder den Blick noch den Lichteinfall behindert? Denken Sie auch an einfache Lösungen, wie einen Deko-Vorhang aus Perlen, Schnüren oder Voilestores, nicht zu vergessen einen Paravent oder ein dekoratives arabisches Holzgitter, Mushrabije genannt. Auch durch verschiedenfarbige Wände lassen sich Wohnbereiche gut abgrenzen. Praktisch ist es, solche Raumteiler mit Rollen zu versehen, damit man sie je nach Bedarf hin- und herschieben kann, z. B. für eine Party.

Eine halbhohe Unterteilung trennt die Fernseh- von der Essecke, ohne den gesamten Raum zu sehr zu teilen.

◀ Offen und mit Rollen versehen, lässt dieses Regal Blicke und Licht passieren.

Ordnen: eine wahre Kunst

Wenn man an Entspannung denkt, möchte man sich in einem aufgeräumten Zimmer befinden. Natürlich kann man Bücher, CDs oder DVDs ausstellen oder in geeigneten Fächern oder Boxen aufbewahren. Stereoanlage und Fernseher können ebenfalls im Blickfeld stehen oder in speziellen Möbeln untergebracht werden. Mithilfe von Gips bzw. Rigipsplatten kann man sich den gewünschten Stauraum sogar nach Maß selbst schaffen. Wenn Sie dazu keine Zeit oder Lust haben, gibt es ein vielfältiges Angebot an fertigen Bücher-, Geschirr- und Multimediaschränken. Auch, was die Materialien betrifft, bietet sich eine große Auswahl: Metall, Glas, massives oder furniertes Holz, Pressspanplatten und Kunststoff. Es gibt viele Ausführungsmöglichkeiten und Stilrichtungen: Mögen Sie es eher avantgardistisch, modern, klassisch oder ländlich? Wenn Sie sich für ein großes Schrankelement entscheiden, sollten Sie sowohl offene als auch geschlossene Fächer vorsehen. Das verleiht dem Ganzen eine gewisse Leichtigkeit, und Sie können weniger ansehnliche Gegenstände einfach verschwinden lassen. Alte, restaurierte Möbel liegen heutzutage, besonders wegen ihrer vielen Fächer und Schubladen, sehr im Trend und passen sich leicht jeder Stilrichtung an.

Regale und alte oder exotische Möbel sind gute Bausteine in einem Ordnungssystem, bei dem sich für jeden Bedarf und Geschmack etwas finden lässt.

Dieser alte Büroschrank, mit einem zartgrünen Anstrich verschönert, beherbergt heute Tischwäsche.

Auch dieser alte Lebensmittelschrank wird nun für andere Zwecke genutzt.

▲ Die exotischen Möbel haben eine lange Reise hinter sich.

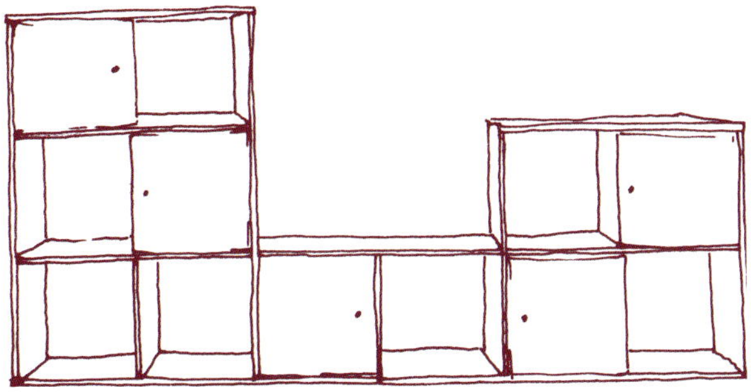

Diese Regale wurden in verschiedenen Türkistönen gestrichen.

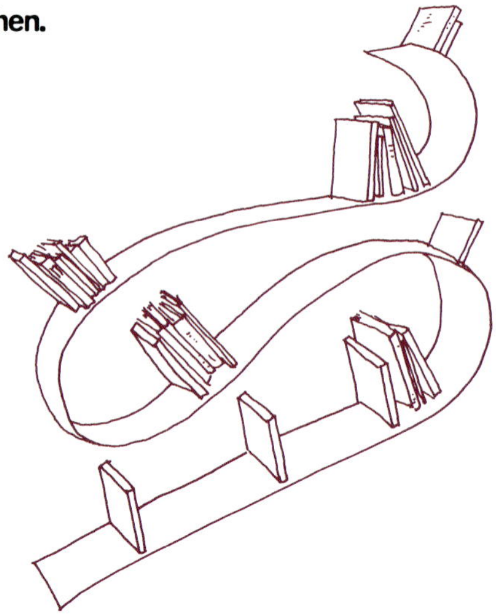

Dieses Bücherregal verbindet Wohn- und Esszimmer. Es besteht aus gleich großen quadratischen Fächern, was eine ausgewogene Wirkung erzielt.

Bücherregale voller Leben

Ein großer Bücherbestand erfordert Sorgfalt und Ordnung. Der Klassiker ist dabei das Bücherregal an der Wand, das höhenverstellbar ist und daher auch Platz für unterschiedlich große Bücher bietet. Ein Liebhaber großer Comic-Bände hat andere Bedürfnisse als jemand, der Taschenbücher sammelt.

Egal, ob aus Holz oder melaminbeschichtet, am beliebtesten sind Regale in dunklen Farben, weil sie die Bücher gut zur Geltung bringen. Um den strengen Eindruck eines solchen Bücherregals ein wenig aufzulockern, könnten Sie einige Fächer für Familienfotos, Souvenirs oder besondere Gegenstände reservieren.

Vermeiden Sie es, Ihr Bücherregal in die Nähe eines Fensters zu stellen. Das Tageslicht bleicht die Buchrücken schnell aus.

Wenn Sie kostbare Bände besitzen, wäre es ideal, sie hinter Glas aufzubewahren. Vielleicht mögen Sie auch kleine Einbauspots, die Ihre wertvollen Bücher ins rechte Licht rücken und die Suche erleichtern.

Da Bücher ein hohes Gewicht haben, sind Spanplatten keine wirklich sparsame Lösung: Sie sind nicht sehr langlebig. Eine Maßanfertigung von einem Handwerker, vielleicht von einem Tischler, Kunstschmied oder Maurer, ist beständiger.

Dieses beeindruckend große Regal wirkt trotz seiner Ausmaße nicht aufdringlich: Es wurde in der Farbe der Wände gestrichen und fügt sich gut in das Gesamtbild ein.

Kleine Nischen und Regale

Mithilfe von kleinen Regalen kann man sehr gut ausgewählte Kostbarkeiten und Lieblingsdinge in Szene setzen oder unterbringen. Am besten macht es sich, wenn Sie mehrere Fächer zur Verfügung haben. Fügen Sie in die Mitte noch Trennwände ein. Vielleicht verwenden Sie auch den Platz, den Ihnen beispielsweise eine ungenutzte Nische bietet. Damit es wirklich elegant wirkt, könnten Sie eine Lichtquelle einbauen. Wenn Sie klare Linien mögen, achten Sie auch auf eine symmetrische Anordnung. Natürlich können Sie die Kanten des Regals auch mit romantischen oder ländlichen Motiven verzieren. Alles hängt von Ihren Möbeln ab und dem Stil, der zu Ihnen passt.

▲ **Hübsche Fächer für Bücher sind hier in einem ehemaligen Luftschacht entstanden.**

◄ **In diese einfachen Nischen sind ein paar Spots eingebaut worden. Der helle Hintergrund lässt die ausgestellten Objekte noch besser zur Geltung kommen.**

ZU HAUSE ARBEITEN

Es war eine leise Revolution, aber sie verdient es, Beachtung zu finden: Durch die immer kleiner werdenden Computer und die neuen Entwicklungen im Bereich der Telekommunikation weiten sich die Möglichkeiten, von zu Hause zu arbeiten, zunehmend aus. Damit Komfort und Effektivität gewährleistet sind, sind einige Grundsätze zu beachten: Der Arbeitsplatz sollte ergonomisch, praktisch und übersichtlich sein. Damit das gelingt, beachten Sie die folgenden Tipps:

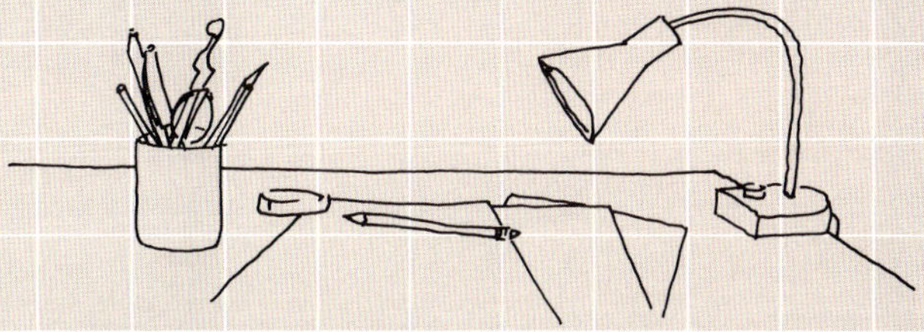

- Achten Sie auf optimales Licht: Installieren Sie eine höhenverstellbare Lampe und vermeiden Sie, dass natürliches Licht auf den Computerbildschirm fallen kann. Besonders reflektierendes Sonnenlicht stört die Arbeit am Bildschirm.

- Suchen Sie sich einen guten Bürostuhl aus: Er sollte natürlich zu Ihrer Einrichtung passen, aber am wichtigsten ist, dass Sie mehrere Stunden bequem darauf sitzen können. Ein Stuhl auf Rollen ist von Vorteil, damit Sie beispielsweise nach einem Ordner greifen können, ohne aufstehen zu müssen.

- Planen Sie genügend Steckdosen ein, damit es keinen „Kabelsalat" gibt.

- Sorgen Sie für ausreichend Ablagemöglichkeiten, Schubladen und Behältnisse, damit Sie den Überblick behalten und nicht stundenlang suchen müssen.

- Falls möglich, stellen Sie ein kleines Regal als Raumteiler auf (oder einen einfachen Paravent), der Ihnen hilft, ungestörter zu arbeiten.

Das Bücherregal wurde um eine breite, leichte Arbeitsplatte ergänzt, die man abends zuklappen kann.

BÖDEN UND WÄNDE GESTALTEN

Böden und Materialien

Ob Sie in ein neues Heim einziehen oder Ihr derzeitiges umgestalten wollen: Die Wahl des richtigen Bodenbelags erfordert immer reifliche Überlegung. Wenn er erst einmal liegt, ist es schwer, sich noch einmal umzuentscheiden. Nehmen Sie sich die Zeit, einen Bodenbelag auszusuchen, der Ihnen wirklich gefällt und der Ihrem Geldbeutel entspricht. Trotz der großen Auswahl haben nicht alle Bodenbeläge die gleichen Vor- und Nachteile. Eine Entscheidung gegen Auslegeware ist schnell getroffen, weil sie zu anfällig und schmutzempfindlich für einen intensiv genutzten Wohnraum ist.
Bei Parkettimitaten aus Kunststoff spart man zwar bei den Anschaffungskosten, aber man sollte bedenken, dass ein solcher Belag niemals die Langlebigkeit eines echten Eichenparketts hat. Ein Bodenbelag aus Naturfasern lässt sich nicht so gut reinigen wie ein gefliester Boden.
Auch wenn Sie diese praktischen Hinweise berücksichtigen, sollte Ihnen der Bodenbelag natürlich in erster Linie gefallen.

Fliesen

Zu den ältesten Fliesensorten zählen dunkelrote, zumeist sechseckige Terrakottafliesen, die früher hauptsächlich in Landhäusern verwendet wurden, nun aber auch ihren Einzug in die Stadt gehalten haben.
Die rötlichen Steine schaffen eine angenehm warme Atmosphäre und nehmen nach einer gewissen Zeit eine interessante Patina an. Die Hersteller haben eine breite Angebotspalette entwickelt, darunter auch Fliesen, die geradezu antik wirken; sie kombinieren Farbtöne und Formen auf eine sehr natürliche Weise.
Kunststeine, eine Mischung aus Beton und Mineralien, die Natursteine imitieren, zeichnen sich durch eine hohe Stoßfestigkeit aus. Seit ein paar Jahren haben auch Zementfliesen viele Wohnzimmerböden erobert. In vielen Farben, Formen und mit Motiven erhältlich, finden sie breite Zustimmung – sogar bei Großstädtern. Ganz im Trend liegen derzeit Sandsteinfliesen.

Mit ihrer Oberflächenbeschaffenheit sind Fliesen hervorragend für Wohnzimmerböden geeignet.

Fliesen für innen und außen

▶ Wenn Ihr Wohnzimmer nach draußen führt, sind widerstandsfähige Fliesen eine gute Wahl, weil man sie leicht reinigen kann.

▶ Den stärksten Eindruck von Weitläufigkeit erreichen Sie, wenn Sie die gleichen Fliesen für das Wohnzimmer und für den Balkon oder die Terrasse verwenden.

Sandsteinfliesen, hier in Schieferoptik.

Um den Charme dieses alten Hauses zu erhalten, wurden für den Boden Terrakottafliesen gewählt.

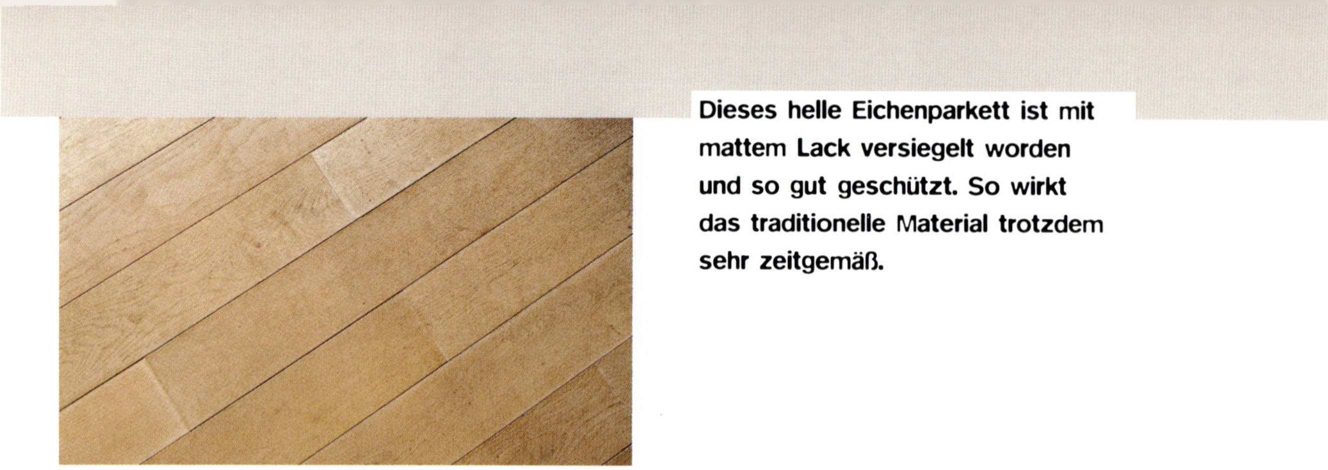

Dieses helle Eichenparkett ist mit mattem Lack versiegelt worden und so gut geschützt. So wirkt das traditionelle Material trotzdem sehr zeitgemäß.

Parkett

Früher gehörte zu einer schönen Wohnung ein edles gewachstes oder versiegeltes Eichenparkett. Auch heute noch ist es ein allseits geschätzter Bodenbelag, umso mehr, als die Hersteller ihr Angebot ausgeweitet und verbessert haben. Auch exotische Hölzer, wie Teak, Iroko und Bambus, werden mittlerweile für die Parkettherstellung genutzt. Parkett ist sehr robust und passt gut zu vielen Designer-Möbeln. Allerdings hat diese Qualität ihren Preis: Es gehört nicht zu den billigsten Bodenbelägen.

Man unterscheidet drei Arten von Parkett: Das fast unverwüstliche Massivparkett kann unbehandelt oder vom Hersteller behandelt verlegt werden. Es ist 23 mm dick und wird auf eine Unterkonstruktion aus Holz genagelt oder direkt auf den alten Boden (Isolierschicht, Fliesen oder Kurzflor-Auslegeware) geklebt. Je nach Holzart variiert die Breite der Holzstücke von 7 bis 15 cm. Wenn man behandeltes Parkett verwendet, handelt es sich meist um gewachstes oder versiegeltes Holz.

Mehrschichtparkett (Fertigparkett genannt) ist aus drei Schichten zusammengeleimt, deren oberste aus einem edlen Holz besteht. Es wird lose im Klick-System verlegt, d. h. nicht auf den Untergrund genagelt oder geklebt, was ein schnelles Verlegen ermöglicht.

Geschliffen, geölt, versiegelt, helles Holz, Eiche oder exotische Hölzer – es gibt für jeden Geschmack das richtige Parkett.

Anders als echtes Parkett kommt Laminat dem kleinen Geldbeutel entgegen. Es lässt sich leicht, schnell und sauber verlegen. Manchmal wird eine Trittschalldämmung untergelegt, die schallmindernd wirkt. Dieser Bodenbelag gehört eigentlich nicht zu den Parkettböden und ist nicht aus Holz, aber imitiert den Holzcharakter von Parkett. Seine Empfindlichkeit sollte nicht unterschätzt werden. Das gilt besonders beim Umstellen von Möbeln und für spitze Absätze. Zur Reinigung empfehlen die Hersteller, einfach Wasser zu verwenden, doch Sie können auch Reinigungsmittel benutzen, die für versiegelte Böden gedacht sind.

Ein gelungenes Zusammenspiel zwischen altem Parkett und modernem Tisch.

Dieser Bodenbelag ist ein Massivparkett, dessen Vollholzlamellen hochkant verlegt wurden, daher wird es als Hochkantlamellenparkett bezeichnet. Das Ergebnis ist ein optisch gelungener und haltbarer Boden.

Fachgerecht aufgearbeitet kann ein altes Parkett einem Raum sehr viel Charme verleihen.

Altes Parkett aufarbeiten

▶ Ist Ihr Parkett fleckig oder abgenutzt? Sie können das ändern! Wenn die Parkettbretter Risse haben, können Sie sie mit farblich passender Holzpaste schließen. Mit einer Schleifmaschine lässt sich die Oberfläche in Richtung der Holzfasern bearbeiten. Beginnen Sie mit grobem Schleifpapier und verwenden Sie für den Endschliff ganz feinkörniges Schleifpapier.

▶ Nachdem das Holz abgeschliffen ist, wählen Sie einen Oberflächenanstrich. Eine Versiegelung oder Lack eignen sich am besten, um später eine unkomplizierte Handhabung und Pflege (mit Spezialreiniger oder einem feuchten Lappen) zu ermöglichen.

▶ Eine geölte Oberfläche reinigt man mit Seife und Öl. Dieser Look dürfte besonders den Anhängern des Landhaus-Stils gefallen.

▶ Schließlich gibt es noch die Pflege mit Bohnerwachs, die am meisten Arbeit macht und deshalb kaum noch praktiziert wird. Wer will schon immer Filzpantoffeln tragen?

Diese einfachen Kieferndielen sind mit mehreren grünen Farbschichten behandelt worden. Der Endanstrich mit Lack schützt und erzeugt ein einheitliches Bild.

Dieser wie lackiert wirkende Boden besteht aus Gießharz, das auf einen schalldämpfenden Untergrund aufgetragen wurde.

Der neueste Schrei: Beton oder Gießharz

Beton galt lange als ein Synonym für Kälte und graue Industrieanlagen. Vor nicht allzu langer Zeit jedoch hat er auf erstaunliche Weise Einzug in unsere Häuser gehalten. Am Beginn dieses erstaunlichen Umschwungs stand – es war die Zeit, in der große Ateliers und Lofts renoviert wurden – die Notwendigkeit, eine kostengünstige Lösung für großflächige Böden zu finden. Man entdeckte eine ganz neue Ästhetik.

Beton lässt sich auch mit Pigmenten einfärben. Die Palette der möglichen Farben reicht von Terrakottatönen bis Anthrazit. Beton kann auch eingefärbt werden, indem man eine Mischung aus Zement und Pigmenten auf die Oberfläche der noch frischen Schicht streut. Einige Handwerker schlagen eine Mischung mit Marmorpuder vor. Daraus entsteht ein hellerer, samtartig aussehender Beton. Der berühmte Wachsbeton wird hergestellt, indem man eine mineralische Paste auf den noch feuchten Beton aufbringt und so dem Boden Festigkeit und Haltbarkeit verleiht.

Eine weitere Möglichkeit ist, Gießharz auf einer einfachen Betonschicht zu verteilen. Auf diese Weise entsteht eine weiche, satinierte Oberfläche, die das Licht leicht reflektiert. Doch Vorsicht: Auch wenn die Gießtechnik einfach erscheint, ist Gießharz, wie Beton, schwierig zu handhaben und daher beides ein Fall für den Fachmann.

Der frischen Gießharzschicht beigemengt, erzielen Pigmente originelle Effekte.

Bodenanstriche

- Bodenanstriche sind eine kostensparende Lösung, wenn es darum geht, einen Betonboden oder abgenutztes Parkett zu verschönern.
- Farben gibt es genug, und die Haltbarkeit der Anstriche, die auch in Parkhäusern genutzt werden, muss nicht erst bewiesen werden.

Mit seiner auffälligen Struktur bedeckt dieser Schilfteppich den Boden auf wärmende und elegante Weise – und beweist, dass ein solcher Bodenbelag auch zu klassischen Möbeln passt.

Ein Bolon®-Bodenbelag sorgt für Verblüffung

- Diese neuartige PVC-Auslegeware imitiert Naturteppiche in Perfektion.
- Das Material ist gegenüber Witterung, Stößen und Abrieb sehr widerstandsfähig.
- Ein Bolon-Boden ist mit einem milden, ph-neutralen Waschmittel zu reinigen.
- Er ist in vielen Farben erhältlich, und Licht kann ihm nichts anhaben.

Natürliche Fußböden

Sisal, Kokos oder Schilf … diese neuartigen, natürlichen Bodenbeläge finden zunehmend Verwendung in unseren Wohnzimmern. Die Suche nach ökologisch verträglichen Materialien ist sicher einer der Gründe für diesen Trend. Die meisten sind als Meterware in drei oder vier Metern Breite erhältlich. Sie werden genau wie andere Auslegeware verlegt.
Kokosteppich ist von den natürlichen Auslegewaren preislich gesehen am günstigten. Die erhältlichen Farbnuancen reichen von Beige bis Dunkelbraun. Ein Kokosteppich wird aus den dicken, festen Fasern des Fruchtgehäuses hergestellt.
Sisal wird aus Blättern der Agave gewonnen. Er kann gefärbt und mit anderen Fasern gemischt werden. Sisal ist leider sehr fleckenempfindlich und verträgt Feuchtigkeit nicht gut. Eine Fleckenschutzbehandlung ist daher empfehlenswert.
Schilfteppichböden müssen von Zeit zu Zeit angefeuchtet werden, um die Fasern geschmeidig zu halten, sonst können sie brüchig werden. Alle Naturfaserteppiche müssen regelmäßig abgesaugt werden. Zur Reinigung beachten Sie unbedingt die Angaben des Herstellers.

TEPPICHBÖDEN

▶ Teppichboden scheint mittlerweile ein wenig aus der Mode gekommen zu sein. Es gibt ihn jedoch für alle Wohnstile geeignet mit Langhaar- oder Kurzhaarflor und in allen möglichen Farben. Dank verschiedener Bahnbreiten (für gewöhnlich 3, 4 oder 5 m) und Formen passt sich Teppichboden gut an alle vorhandenen Oberflächen an.

▶ Teppichboden ist die Ehrenrettung für unansehnliche Fußböden und kann einen warmen Kontrast zu kalt wirkendem Mobiliar bilden.

▶ Man kann Teppichboden sogar den Jahreszeiten folgend nutzen: Im Herbst und Winter schützt er angenehm gegen Fußkälte, im Frühling und Sommer lässt er sich im Handumdrehen wieder aufrollen, um einen leichteren Bodenbelag zum Vorschein kommen zu lassen und brav auf den nächsten Winter zu warten.

Weich und komfortabel und einfach angenehm anzufassen ist dieser Teppich mit langem Flor – ein unverzichtbares Accessoire für ein Cocooning-Ambiente.

Bezaubernde Wände

Sticker, Tapeten, Metallplättchen ... unsere Wände haben nichts gegen originelle Ideen!

Nach beinahe zwei Jahrzehnten unschuldig-weißer Anstriche können unsere Wohnzimmerwände ruhig ein bisschen Farbe, Material und Dekor vertragen.
Wer hat schon etwas gegen raffinierte Gestaltungsideen einzuwenden? Auch Tapeten dürfen mit anderen Materialien kombiniert werden, denn ungewöhnliche Kombinationen und Fantasie sind erlaubt. Klassische, romantische, barocke oder japanische Motive, grafische Darstellungen usw.: Ein weites Feld an Möglichkeiten steht zur Verfügung.
Auch das Farbangebot vieler Hersteller hat sich erweitert und erneuert. Neue Techniken erleichtern die Anwendung. Warum nicht einmal ganz neue Farben in Betracht ziehen, egal ob ganz zart oder sehr lebhaft? Aber diese Fülle an Auswahlmöglichkeiten sollte Ihnen nicht den Kopf verdrehen: Man sollte sich nie überstürzt zu Kombinationen hinreißen lassen, an denen Sie sich schnell sattsehen.

Wände individuell gestalten

► Perlen, Goldplättchen, Steine, Schmucksteine aus altem Glas, Objekte aus Kunstharz usw. – lassen Sie Ihrer Kreativität freien Lauf und geben Sie Ihren Wänden eine persönliche Note.

► Gestalten Sie z. B. die Umrahmung eines Fensters, heben Sie ein Motiv Ihrer Tapete besonders hervor oder beleuchten Sie eine Wandzeichnung. Das sollte jedoch mit Zurückhaltung geschehen, denn es soll ja weder Ali Babas Räuberhöhle noch ein Kitschtempel entstehen.

Bänder aus bedrucktem Stoff lockern diese sehr hohe Wand erheblich auf. Eine moderne Dekoration, die auch schnell wieder entfernt werden kann.

DEKORATIVE ANSTRICHE

▶ Matte Farbanstriche sind optisch sehr vorteilhaft und gleichen kleine Unebenheiten der Wand aus. Erhältlich als ölfreie Emulsionen für Fertiganstriche sind sie zudem noch kostengünstig.

▶ Für natürlich wirkende Innenräume können Sie auch umweltfreundliche Farben verwenden. Eine der ältesten Techniken ist der Anstrich mit Leimfarbe, die aus Kreide, Wasser und Leim hergestellt wird. Mit einem Tuch oder einem Schwamm aufgetragen, wirken Kalkleimfarben transparent. Wenn Sie sich nicht für ausreichend talentiert halten, gibt es auch Fertigprodukte.

▶ Wachsbeton wird bei der Wandgestaltung immer beliebter. Doch man sollte die Ausführung Fachleuten überlassen. Für handwerklich Begabte gibt es Putz-Fertigmischungen, die den Betoneffekt perfekt nachahmen.

▲ Dieses Wohnzimmer erinnert durch seinen Anstrich im Antik-Look an das Leben in einem alten Schloss. Um den Effekt des Antiken zu verstärken, wurde der Anstrich mit mehreren Schichten wasserverdünnbarer Farbe übermalt. Dadurch entstehen vielfältige Nuancen.

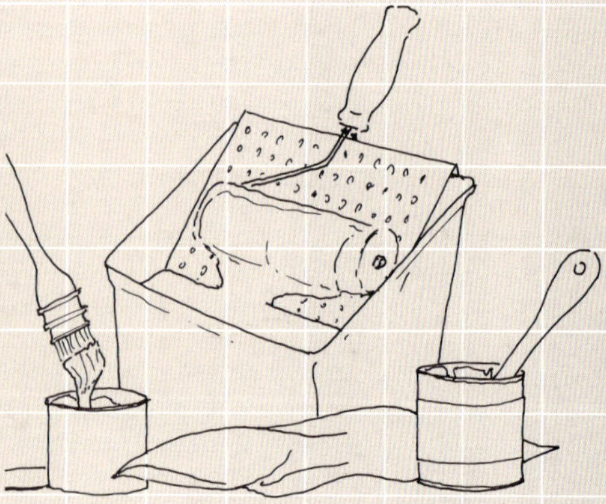

▶ Wenn man Substanzen wie Ton, Stuck, Wachs und Farbpigmente mischt, kann man die Palette der Farben und Materialien für Wände noch erweitern.

Farbe und Harmonie

Farbliche Harmonie in einem Zimmer erreicht man durch eine der vier folgenden Farbrelationen, wenn man von Ton-in-Ton-Gestaltungen absieht.

Farbabstufungen: Die gesamte Gestaltung eines Zimmers basiert auf einer einzigen Farbe, die man entweder aufhellt oder abdunkelt, um Farbabstufungen zu erhalten. So entsteht eine optische Einheitlichkeit, die eine angenehme Atmosphäre schafft.

Farbnuancen: Sie stammen alle aus einer Farbfamilie, deren Töne man abwandelt. Man könnte sich etwa auf verschiedene Grüntöne festlegen und dabei von Gelbgrün über Khaki bis Grasgrün gehen. Das schafft eine friedlich-harmonische Atmosphäre.

Farbkontraste: Für ein lebhaftes Interieur kann man sich auch für zwei Kontrastfarben entscheiden, etwa Schwarz-Weiß, Gelb-Blau oder Violett-Orange. Solche Kontraste wirken sehr belebend, aber es könnte auch sein, dass man sich mit der Zeit daran sattsieht.

Eine chromatische Farbpalette: Verschiedene Töne und Nuancen einer Farbe werden mit anderen Farben kombiniert, z. B. ein indigoblaues Sofa mit veilchenblauen Vorhängen und einem dunkelrosa Teppich.

Einige Beispiele für Farbkontraste

Den idealen Farbton finden

- Bereiten Sie kleine Farbproben in verschiedenen Nuancen vor. Wenn Sie beispielsweise an eine Gestaltung in Rot denken, besorgen Sie sich Proben verschiedener Rottöne, die auch in Richtung Rot und Orange gehen.

- Begeben Sie sich an verschiedene Stellen des Zimmers, um dort die Wirkung der Farbprobe zu testen: neben dem Fenster bei Tageslicht, in der dunkelsten Ecke usw. So können Sie den besten Farbton finden.

- Vergewissern Sie sich, dass der Farbton zu den wichtigsten Einrichtungsgegenständen Ihres Zimmers passt (Sofa, Vorhänge, Tisch, Stühle).

- Das Abwaschen, Entstauben, Ausbessern und Schleifen der Wände geht natürlich jeder Streicharbeit voran.

An die Pinsel, fertig, los!

Das Einmaleins des guten (Farb-)Tons

Farben sind in der Lage, die Größe eines Raumes zu betonen und sogar einige Schwachstellen zu kaschieren. Streicht man eine Decke dunkler als die Wände, so wird sie viel niedriger als vorher erscheinen.
Ein heller Anstrich wird hingegen die Raumhöhe betonen. Fenster und Türen wirken unauffällig, wenn sie in der gleichen Farbe wie die Wände gestrichen werden. Ist Ihr Zimmer schmal, wählen Sie eine dunklere Farbe für die hintere Wand, um den Eindruck von Licht und Offenheit zu erzeugen. Durch seinen Glanz betont Lack die Perspektive eines Raumes.
Helle Töne lassen Räume größer wirken, dunkle Töne erzeugen Gemütlichkeit. Neutrale Farben wie Beige und Grau haben eine beruhigende Wirkung, während Rot, Gelb und Blau Räume beleben. Wählen Sie die Farben je nach gewünschter Wirkung.

Ein kräftiges Grün neben einem dunklen Braun: mutig und gelungen.

Tapeten

Tapeten erleben gerade ihr großes Comeback. In allen Stilarten bekennen sie Farbe.
Es gilt als schick, nur eine von vier Wänden zu tapezieren – eine originelle Methode, um etwa eine Essecke abzugrenzen. Eine nur minimale Verzierung verhindert, dass man sich von sehr auffallenden Motiven erdrückt fühlen könnte. Angesichts der mitunter nicht gerade bescheidenen Preise kann man sich bei sparsamer Verwendung dann sogar eine wirklich exklusive Ausführung leisten.
Stoff an der Wand würde Sie schon reizen, aber die Ausführung schreckt Sie ab? Dann greifen Sie doch einfach zu selbstklebenden Textiltapeten!
Sie mögen keine Tapete, aber Ihre Wände sind krumm und schief? Wie wäre es trotzdem mit einer Tapete, aber aus Glasfaser? Anfänglich gab es nur Versionen mit Fischgrätmuster, aber mittlerweile sind sehr viel feinere Textilstrukturen erhältlich.

Moderne Farben und Muster, um den Raumeindruck zu verändern, oder Motive, um den Raum zu schmücken – Tapeten liegen voll im Trend.

Einfarbige oder farblich abgestimmte Blumenmuster: Wandtattoos und Schablonen beleben Ihre Wände im Handumdrehen!

Wandtattoos und Schablonen: einfach magisch!

Sie sind der neueste Trend in Sachen Innendesign: Wandtattoos haben Deko-Geschäfte und Baumärkte buchstäblich überschwemmt und sind im großen Stil auch per Internet zu erwerben. Leicht anzubringen, verwandeln sie eine Wand in wenigen Minuten. Die Motive sind meist der Pflanzen- und Tierwelt entnommen: Vögel, Schmetterlinge, Blumen, Ranken, Zweige, ja sogar Bäume! Ein anderer Trend: Sticker, die an Druckbuchstaben erinnern, häufig in Schwarzweiß. Man kann sie sparsam einsetzen, um z. B. nur den unteren Teil einer Tür zu verzieren, oder aber auch eine ganze Wand damit schmücken. Aber Vorsicht: Die Aufkleber könnten Ihre Wände beschädigen! Entscheiden Sie sich lieber für wiederablösbare Sticker.

Eine weitere Möglichkeit sind Schablonen: Ihre Verwendung nimmt ein wenig mehr Zeit in Anspruch, aber sie sind günstiger als Aufkleber. Man findet im Handel verschiedene Stilrichtungen. Manche sind aufwendiger in der Handhabung – beispielsweise wenn verschiedene Farben verwendet werden sollen. Ein Zierstreifen, den man in Augenhöhe anbringt, kann das gesamte Wanddekor abrunden.

Eigene Schablonen entwerfen

- Warum nicht eine eigene Schablone entwerfen? Nehmen Sie ein Motiv von einem Kissen oder einem Deko-Stoff im Raum.
- Es ist ganz einfach: Pausen Sie das Motiv auf Papier durch, kopieren Sie es auf dünnen, festen Karton und schneiden Sie es mit einem Cutter aus.
- Markieren Sie mit einem Bleistift die Stelle für den gewünschten Zierstreifen oder das Motiv auf der Wand. Anschließend tragen Sie mit einem Pinsel die Farben mithilfe der Schablone auf.

DER ESSBEREICH

Tische: die richtige Wahl treffen

Während früher Esstisch, Büffet und alle anderen Möbel perfekt zueinander passen sollten, erlaubt man sich heute mehr Freiheiten. Jeder darf die Vorstellungen von seiner Lebensart umsetzen, indem er ohne Bedenken Stile, Epochen und Materialien nach seinem Geschmack kombiniert.
Spielte bis vor Kurzem noch Holz eine Hauptrolle in unseren Esszimmern, so muss es diese Position immer mehr an Glas, Metall, Stein, Kunststoff oder auch Kunstharz abtreten.
Die Größe des Tisches ist in erster Linie vom Platz abhängig, der zur Verfügung steht. Ein runder Tisch ist äußerst praktisch, besonders wenn er mit einem Mittelfuß versehen ist. Rechteckige Tische eignen sich gut für große Tafeln. Bleiben Sie dennoch vernünftig und wählen Sie keinen übermäßig großen Tisch.

Um einen schönen Tisch sammeln sich große und kleine Gesellschaften.

Wenn Sie gern Besuch haben, empfiehlt sich ein ausziehbarer Tisch. Im täglichen Leben können Sie ihn vielleicht an eine Wand stellen, um Platz zu gewinnen. Halbrunde Tische sind besonders platzsparend und praktisch, denn sie können im Alltag auch als Ablage oder als Arbeitsplatz genutzt werden.

Wenn der Platz es erlaubt, ist ein großer rechteckiger Tisch hervorragend geeignet, um Gäste zu bewirten.

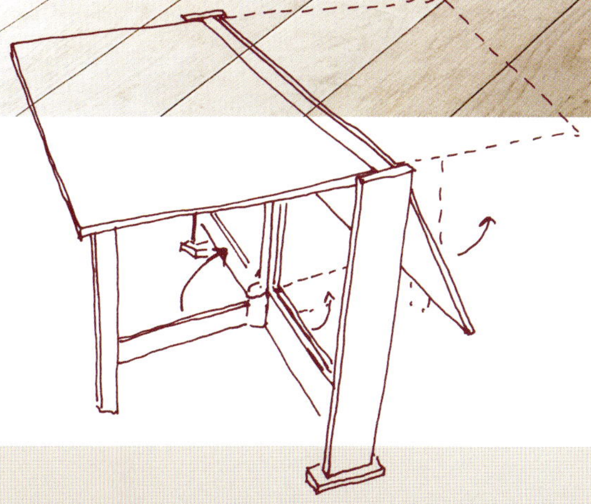

Runde Form, helles Holz: Die Schlichtheit dieses eher unspektakulären Tisches wird durch die roten Stühle belebt.

Der Tisch im Fabrik-Look ist kostengünstig entstanden: mit einfachen Metallrohren als Tischbeinen, die mit farblosem Wachs behandelt wurden. Die Tischplatte wurde schwarz gestrichen.

Dieser ungewöhnliche Tisch ist um ein Heizungsrohr herum gebaut. Die Tischplatte wird durch mehrere Schichten glänzenden Acrylanstrichs geschützt. Ein solcher nierenförmiger Tisch sieht sehr elegant aus.

Ein Tisch nach Maß

Warum bauen Sie sich nicht einen Tisch nach Maß, der genau Ihren Bedürfnissen und Platzverhältnissen entspricht? Man braucht kaum mehr als eine Platte und Tischbeine. Holz, Metallverbindungen oder beschichtete Platten kosten kein Vermögen und sind leicht zu besorgen. Um sich das Leben zu erleichtern, können Sie den Zuschneideservice vieler Baumärkte nutzen. Sie finden dort eine große Auswahl an Tischbeinen aus Holz oder Metall.

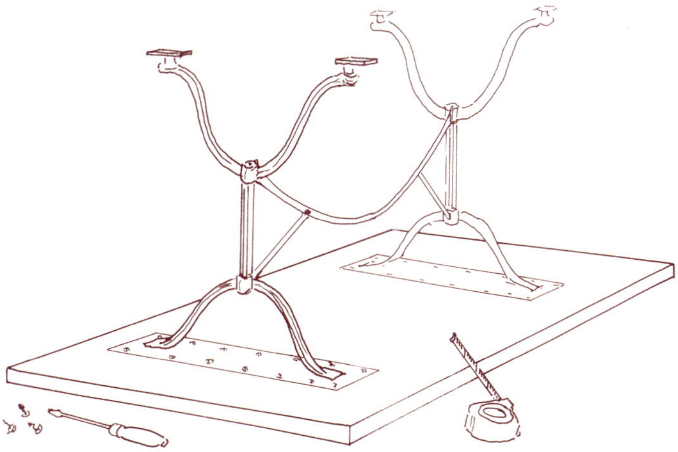

Dieser verspielt geschwungene Tisch wurde mit einer einfachen Stichsäge ausgeschnitten! Das Holz der Tischplatte ist unbehandelt. Die bunten Stühle betonen die Leichtigkeit dieses Ensembles.

Stühle: so stylish wie möglich

Polster aus Rosshaar, Bultex® oder mit Federkern; manchmal sitzt man auch auf Stroh, Holz, Kunststoff oder Plexiglas, aber eines steht fest: Oft wählt man seine Stühle nach dem Stil und nicht nach der Bequemlichkeit. Dabei trägt der Sitz die ganze Last des Körpers, und das Gewicht, das das Becken tragen muss, zwingt alle zehn bis fünfzehn Minuten zu einer Positionsveränderung. Auch wenn es keinen perfekten Stuhl gibt, sollte man wissen, dass geneigte Rückenlehnen bequemer sind als gerade.

Um die ideale Sitzhöhe zu ermitteln, müssen Sie die Tischhöhe kennen, die normalerweise zwischen 70 und 75 cm liegt. Die ideale Sitzhöhe liegt daher zwischen 40 und 45 cm, vom Boden aus gemessen.

Für einen bestmöglichen Komfort können Sie auch kleine Sessel in der richtigen Höhe anschaffen, die warm und gemütlich wirken.

▲ Klassische Stühle, die durch ihre kräftigen Farben auffallen.

◄ Designer-Stühle um einen alten Tisch herum – warum nicht? Die Stühle vereinen sich mit dem Stil des Tisches, indem sie den Kontrast spielerisch aufnehmen.

▲ Diese alten Stühle aus den 1940er-Jahren erhalten durch die bunten Veloursbezüge wieder neuen Schwung.

Diese klassischen Stühle haben dank ihrer neuen Bezüge noch an Charakter gewonnen.

Eine persönliche Note

Nichts geht leichter, schneller und günstiger, als einen alten Tisch mit ein paar Pinselstrichen wieder auf Vordermann zu bringen. Bei der Wahl der Farbe sollte man vor allem auf Widerstandsfähigkeit und Haltbarkeit achten. Acryllacke sind hierfür ideal: Sie sind abwaschbar, stoß- und kratzfest. Seien Sie ein wenig fantasievoll und streichen Sie Platte und Tischbeine in unterschiedlichen Farben.

In einem ruhiger gestalteten Raum könnten Sie die behandelte Platte mit einem hellen Muster versehen, das mit dem Holzton kontrastiert. Wenn man das Holz dunkler mag, kann man das mit Nussöl erreichen. Eine weitere Möglichkeit: die Tischplatte mit selbstklebender Folie beziehen, die man in vielen Farben und Dekors erhält. Die Kanten werden zum Schluss mit einem Umleimer verschönert. Man bekommt Kantenumleimer von der Rolle und bügelt ihn auf.

Wenn Sie originelle Arrangements mögen, kombinieren Sie ganz verschiedene Stuhlmodelle. Damit Ihre Zusammenstellung dennoch harmonisch wirkt, streichen Sie Ihre Fundstücke alle in der gleichen Farbe, möglichst passend zu Ihren Gardinen und Wänden.

Spielen mit Stoffen

▶ Stühle in guter Qualität erfordern meistens eine größere Investition. Gefallen Ihnen Ihre alten Stühle nicht mehr, Ihr Budget ist aber begrenzt?

▶ Behalten Sie sie einfach und geben Sie ihnen mit Farbe und Stoffen einen neuen Look. Entfernen Sie den alten Stoffbezug und benutzen Sie ihn gleich als Schnittmuster für den neuen.

▶ Suchen Sie sich einen neuen Stoff aus und schneiden ihn nach der Vorlage zu. Zum Schluss befestigen Sie ihn mithilfe eines Tackers an der Sitzfläche. Eine einfache, günstige und schöne Lösung!

Eine geglückte Verwandlung: Der khakifarben lackierte Tisch passt wunderbar zu den Stühlen. Ihr alter Bezug wurde durch einen bunten Stoff mit poppigem Muster ersetzt.

Das Spiel von Licht und Schatten verleiht diesem Raum besonderen Charme. Die Vorhänge an den großen Glasfenstern filtern das Licht, ohne den gesamten Raum zu verdunkeln.

Leuchten aus Papier sind leicht und fröhlich. Es gibt sie in allen Farben zu kaufen. Sie sind auch eine Deko-Idee für den kleinen Geldbeutel, da man sie leicht selbst anfertigen kann.

Sechs Lampenschirme anstelle eines einzigen, und schon kann jeder wunderbar sehen. Man beachte den wundervollen Kontrast zwischen dem Industrie-Look der Lampen und ihrer goldenen Farbe: eine raffinierte Kombination.

Die Beleuchtung der Essecke

So wie ein gut zusammengestelltes Menü zu einem gelungenen Essen gehört, ist auch die Beleuchtung von entscheidender Wichtigkeit. Natürlich muss man für ausreichend Licht sorgen, aber es sollte auch niemand geblendet werden.
Eine einzige Lichtquelle allein verbreitet manchmal ein zu direktes Licht, daher ist es besser, mehrere Lichtquellen einzusetzen, die sich allerdings nicht hinter Ihren Gästen befinden sollten, weil Sie sie sonst nur im Gegenlicht sehen. Auch Spots sind ungeeignet, da sie zu harte Schatten verursachen.
Sollten Sie sich für eine Deckenleuchte entscheiden, empfiehlt sich ein farbiges Modell, das ein harmonisches, weiches Licht verbreitet. Viele Hersteller wetteifern geradezu darum, die angenehmsten Lichttöne zu erzeugen. Für Lampenschirme eignen sich so gut wie alle Materialien, angefangen von Papier bis zu Metall und Plexiglas, Stoff oder Glas.

EIN GEMÜTLICHES WOHNZIMMER

Das Sofa will gut gewählt sein

Ein Sofa muss man vor dem Kauf genau ausprobieren. Um eine gute Wahl zu treffen, sollte man sich am besten direkt vor Ort begeben, um die Modelle konkret in Augenschein zu nehmen, das gilt sowohl für den Komfort als auch für die Maße.
Haben Sie keine Gelegenheit dazu und möchten ein solches Möbel aus dem Katalog bestellen, so lesen Sie die Beschreibung des Angebots genau. Achten Sie besonders auf die Festigkeit und Widerstandsfähigkeit der verarbeiteten Materialien. Als Faustregel gilt, dass eine Dichte ab 25 kg/m^3 als gute Qualität angesehen werden kann.
Die Sitzflächen sollten idealerweise zwischen Festigkeit und Flexibilität angesiedelt sein. Testen Sie die Reaktion der Sitzkissen bei starker Belastung und achten Sie auf die Fähigkeit der Kissen, anschließend ihre ursprüngliche Form wiedereinzunehmen. Achten Sie auf gute Rückenlehnen und eine ausreichende Höhe. Besonders die Lendenwirbel sollten gestützt werden.
Neben dem Sitzkomfort müssen auch die Maße stimmen. Denken Sie über die Nutzung Ihres Sofas nach: Brauchen Sie es überwiegend zum Lesen, Ausruhen, Fernsehen oder für Gäste? Für wie viele Personen ist das Sofa gedacht? Wenn Sie oft Besuch empfangen, wählen Sie ein Sofa und ein paar Sessel dazu. Wenn Sie viele Gäste haben, nehmen Sie vielleicht ein großes, mehrsitziges Sofa. Gibt es in Ihrem Zimmer genügend Platz, so entscheiden Sie sich womöglich für eine Polsterecke. Schließlich könnte man auch eine Liege ohne Lehnen zwischen zwei Bücherregalen platzieren.

Nehmen Sie sich Zeit, Ihr zukünftiges Sofa genau auszuprobieren. Was zählt, sind vor allem Sitzkomfort und Platz.

Schön und praktisch

Falls Sie Kinder haben, sollten Sie schmutzabweisende Sofabezüge bevorzugen. Die meisten Möbelstoffe erhalten heutzutage eine Fleckenschutzbehandlung. Bedenken Sie bei Ihrer Anschaffung also auch diesen Punkt. Wenn Sie Ihr Wohnzimmer selber gestalten, können Sie die Stoffe auch selbst mit Imprägnierspray behandeln.
Auch Leder ist inzwischen für jedermann erschwinglich und bietet vielfältige Variationen an Farben und Oberflächen. Leder hat den Vorteil, sich auf attraktive Weise mit der Zeit abzunutzen und dadurch schöner zu werden, obwohl es sich schlecht mit Hundepfoten und Katzenkrallen verträgt. Genau wie unsere Haut braucht Leder ab und zu ein bisschen Creme oder Milch als Pflegemittel. Hat Ihr Ledersofa in den letzten Jahren etwas gelitten? Hören Sie sich um, bevor Sie selbst Hand anlegen: Es gibt Spezialisten, die Ihrer Ledercouch mit einer Farbauffrischung dienlich sein können und auch Reparaturen durchführen.
Zwischen Leder und Stoff rangiert Alcantara, das durch seine Eleganz und Weichheit beeindruckt. Alcantara besteht aus Kunstfasern und imitiert Nubuk, ein gebürstetes Leder, das sich samtartig anfühlt. Es hat den Vorteil, weniger empfindlich zu sein und natürlich auch nicht so teuer. Darüber hinaus kann man es sogar mit einer milden, ph-neutralen Seife reinigen.

Einige Sofas bieten einen Bettkasten mit viel Stauraum – das ist immer ein erfreuliches Plus.

Schlafsofas

- Wenn Sie öfter Übernachtungsgäste haben, sollten Sie sich für ein Schlafsofa entscheiden, besonders dann, wenn Sie kein Gästezimmer haben.
- Es gibt sie in allen Preisklassen und Stilrichtungen. Die Klappmechanismen bieten mittlerweile hohen Komfort.
- Platzieren Sie vor dem Schlafsofa einen niedrigen Tisch auf Rollen, der sich bei Bedarf leicht verschieben lässt.

Dank Bezügen, die sich komplett abziehen und waschen lassen, muss man auf die Eleganz weißer oder heller Stoffe nicht mehr verzichten.

Dieser Sessel könnte direkt aus einer Märchenkulisse stammen: Rosa, Gold, Blumenmuster. Eine wahrhaft noble Erscheinung!

Sessel behaupten sich

Sessel nehmen mit Vorliebe den Platz eines ganzen Sofas für sich in Anspruch. Wenn Sie wenig Raum zur Verfügung haben, sollten Sie dem Einhalt gebieten und ihre Zahl auf einen oder zwei beschränken. Ohrensessel, Clubsessel, Bridgesessel ... Es gibt unglaublich viele Formen und Stilrichtungen! Im Kampf gegen die Langeweile können Sie verschiedenartige Sitzmöbel zusammen aufstellen. Mixen Sie doch einfach Epochen, Stile, Farben und Motive! Sessel in knalligen Farben können ein nüchternes, modernes Wohnzimmer auf originelle Weise beleben. Eine geschwungene Form kann strenge Linien mildern. Ein neuer, frischer Bezug bringt Farbe in den Raum, ein Veloursbezug verleiht sogar dem nüchternsten Möbelstück Wärme.

Werfen Sie Ihre alten Sessel nicht weg, geben Sie ihnen lieber ein zweites Leben! Verwenden Sie Ihre Stoffreste und trauen Sie sich, einen neuen, bunten Bezug aus Patchwork herzustellen.

Eine perfekte Leseecke: ein bequemer Sessel mit Hocker und eine verstellbare Stehlampe für optimale Ausleuchtung.

Eine betagter Ruhesessel, der in seiner neuen Aufmachung sehr feminin wirkt. Ein Stoff im indischen Stil für die Sitzfläche, Kissen mit Blumenelementen ... die verschiedenen Motive passen durch die dominierende Farbe gut zusammen.

Ein Platz für den Mittagsschlaf

Platzmangel, Angst vor Eintönigkeit? Warum schaffen Sie sich nicht eine Chaiselongue für Ihr Wohnzimmer an? Wenn der Rahmen erst einmal steht, brauchen Sie nur noch die Liegefläche und die Kopflehne zu bearbeiten. Füllmaterial kann man vom Meter kaufen. Wenn Sie eine alte Matratzenauflage besitzen, besteht die Möglichkeit, diese auch von einem Polsterer aufarbeiten zu lassen. Sie können sich beim Antiquitätenhändler auch nach einem Metallbett umsehen. Um es in ein Kanapee zu verwandeln, müssen Sie eine Seite des Metallrahmens entfernen. Große Kissen, die man mit Pflanzenwolle füllt, sind ideale Rückenlehnen. Kanapee und Chaiselongue können sich optimal ergänzen. Wählen Sie ruhig unterschiedliche Motive, aber achten Sie darauf, die gleiche Stoffart zu verwenden. Abziehbare Bezüge erleichtern die Pflege. Wenn Ihr Budget bescheiden ist, nehmen Sie Stoffe, die man nicht in die Reinigung geben muss.

Antike Empire-Liege (links) und Metallbett im Retro-Look (rechts): eine stilvolle Ergänzung.

Couchtische

Ein Couchtisch, um den man gemeinsam sitzen kann, macht einen Wohnraum besonders gemütlich. Man kann dort sogar essen, wenn es aus Platzmangel keinen richtigen Essplatz gibt. Wenn möglich, suchen Sie sich einen großen Tisch aus, zwischen Couch und Tisch sollten jedoch etwa 40 cm als Durchgang bleiben. Sie können auch auf Beistelltischchen zurückgreifen, die Sie je nach Bedarf wieder verschwinden lassen. Wenn Sie an Ihrem Couchtisch auch essen möchten, dann wählen Sie nicht einen zu niedrigen oder zu filigranen, sondern entscheiden Sie sich für ein robustes Modell.
Auch die Materialfrage ist nicht leicht zu beantworten. Eine Glasoberfläche ist ein wenig unpraktisch, weil man sie ständig putzen muss. Holz wirkt warm und angenehm, verträgt aber Flüssigkeiten nicht besonders gut. Metall ist leicht zu pflegen, fügt sich aber nicht immer reibungslos in den stilistischen Rahmen der anderen Möbel ein. Rattan ist zwar hübsch, nimmt aber jeden Krümel auf.
Haben Sie kleine Kinder? Dann ist ein runder oder ovaler Tisch sicherer, weil er keine scharfen Ecken und Kanten hat. Sollten Sie Stauraum brauchen, könnten Sie einen Tisch mit einer zweiten Platte nehmen, auf der Sie Zeitungen und Bücher ablegen können. Vielleicht wären sogar Schubladen und Fächer praktisch für Sie? Es gibt auch Tische mit drehbaren Tischplatten und solche, die gleichzeitig als Sitzgelegenheit dienen können.

Ein Tisch von weither: In der Mitte besteht die Tischplatte aus Kokosfasern, was einen Hauch Exotik verleiht.

Drehbare Tische

- Einen Couchtisch kann man sehr leicht bauen, indem man alte Europaletten mit Rollen versieht. Das Holz kann man unbehandelt lassen, schleifen oder streichen, ganz wie es einem beliebt und zu den Farben des Wohnzimmers passt.

- Eine alte Truhe ist ebenfalls eine praktische Angelegenheit, weil man darin gleichzeitig sehr viel unterbringen kann. Man könnte sogar eine Spielzeugtruhe verwenden.

Ein Couchtisch im Vintage-Look aus den 1960er-Jahren.

Atmosphäre schaffen

Wärme, Gastlichkeit, Freundschaft, Nähe, Reiseerinnerungen, Originalität, Komfort: Ein Wohnzimmer ist gelungen, wenn es all das an einem einzigen Ort vereinen kann und ausstrahlt. Fragen Sie sich, was Komfort, Wohlbefinden und Gemütlichkeit für Sie bedeuten. Vielleicht sind es bestimmte Farben (Rot, Orange, Violett) oder auch bestimmte Materialien (Samt, Wolle, Filz). Für eine fremdländische, exotische Atmosphäre können Sie mit bestimmten Möbeln sorgen, die man heutzutage überall findet. Bringen Sie von Ihren Reisen interessante Dinge mit und legen Sie sie in Ihre Regale, auf das Kaminsims oder auf die Kommode. Reservieren Sie mittels einiger schöner Pflanzen auch einen Platz für die Natur. Wenn Sie keinen grünen Daumen haben: Es gibt mittlerweile wirklich gelungene künstliche Pflanzen.

Diese leichten Auflagen scheinen zu schweben: eine poetisch-leichte Atmosphäre.

Kerzen, alte Flakons, bunte Vasen: Beleben Sie Konsolen und Regale mit kleinen Sammlungen.

Ein moderner Kamin, alte, kostbare Sessel, ein rustikaler Boden aus Terrakottafliesen und Pop-Art-Bilder: Heute ist Stilmix angesagt und sogar empfehlenswert.

Ein paar Kissen können ein einfaches Sofa verwandeln. Eine sehr großzügige und äußerst bequeme Lösung.

Kissen in Hülle und Fülle

Kissen laden zum Ausruhen ein und sind gemütlich. In jeder neuen Saison gibt es neue Kissenkollektionen. Mit ihnen lassen sich leicht neue Farbakzente in Ihr Wohnzimmer einbringen. Sie können sie noch individueller gestalten, indem Sie beispielsweise Federn oder Pailletten aufnähen. Und warum sollten Sie sich nicht selbst ein paar Kissen aus Seide, Leinen oder Filz nähen? Spielen Sie mit linksseitig und rechtsseitig verwendeten Stoffen als Kontrast. Erwecken Sie ein lange vernachlässigtes Seidentuch, eine alte Stickerei oder ein Leinentuch mit einem schönen Monogramm zu neuem Leben. Das Design wird perfekt, wenn Sie das Muster etwa in Ihren Gardinen wiederholen.

Überschwänglich schillernde Blumenmotive in Rosa strahlen etwas Festliches aus.

Anregende Farben

▶ Wie kann man ein altes Sofa wieder flottmachen? Ganz einfach, man gestaltet aus vielen bunten Kissen eine Rückenlehne mit verschiedenen Motiven und Mustern. Ein stumpfes Braun oder Violett kann man sehr gut mit knalligen Rottönen aufpeppen.

▶ Eine sparsame und einfache Idee: Mischen Sie Kissen aus schlichten, einfarbigen Stoffen (die robust sind und eine bequeme Größe haben) mit zwei oder drei kostbaren Exemplaren aus Seide oder mit Stickerei.

VARIATIONEN RUND UM DAS SOFA

Es kann losgehen: Sie haben dieses schlichte, moderne Sofa mit seiner Allerweltsfarbe ins Visier genommen. Sie sind zwar mit ihm zufrieden, aber das kann noch nicht das Ende, sondern eher der Anfang eines Dekorationsabenteuers sein. Hier nun einige Möglichkeiten, das „Hauptgericht" mit einigen Gewürzen und Zutaten zu verbessern.

▼ Das Sofa, wie Sie es erstanden haben.

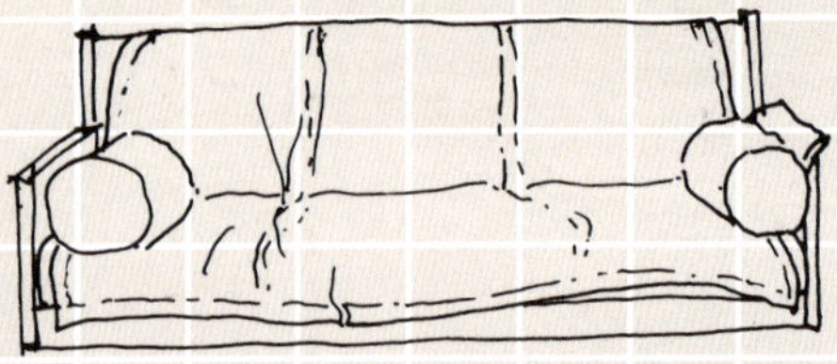

▼ Um die Strenge ein wenig aufzulockern, stellen Sie dem Sofa einen ovalen Tisch mit gefälligen Rundungen an die Seite. Überwürfe und Kissen fügen sich harmonisch in das Gesamtbild. Die Farben reichen von Beige bis Braun, Orange darf dabei nicht übergangen werden.

▲ Rot, Schwarz und Metall sind modern, und trotzdem bleibt alles spielerisch und fröhlich dank des Plaids im Großmutterstil und der Kissen mit dem Alphabet für Kinder: ein gemütlicher Ort für alle Generationen.

▼ Diese Variation passt gut zu einem lichtdurchfluteten Raum, der zum Garten oder Balkon hin geöffnet ist. Formen und Farben bilden eine natürliche Harmonie.

▲ **Dank der Kamintür kann man sich dem Feuer ohne Gefahr nähern.**

Eine Kaminecke

Wenn Sie in einem alten Haus wohnen, haben Sie vielleicht das Glück, einen alten Kamin aus Stein oder Ziegeln zu besitzen. Meist ist er vor eine Wand gebaut und nach vorne offen. Sie können in diesem Fall einen Einsatz benutzen, der einen um 45 % höheren Energiegewinn ermöglicht.
Bei einem neuen Kamin gilt es, Formen und Materialien zu finden, die Ihrem Geschmack entsprechen.

Neuartige Materialien erlauben klare Linien und Formen. Dabei konnte sich Beton einen Platz neben klassischen Materialien erobern.
Man beachte auch die erstaunliche Rückkehr der Holzöfen, die durch den Wunsch nach anderen Energiegewinnungsformen wieder sehr in Mode sind. Das Ofenrohr wird einfach an den gemauerten Schornstein angeschlossen. Solche Öfen gibt es in traditionellen Formen aus meistens schwarzem Gusseisen oder auch in modernen farbigen Variationen.

Ein origineller Kamin mit gusseisernen Türen und einem Rostanstrich.

Einen Kamin bauen

- Bevor Sie einen Kamin errichten oder umbauen, müssen Sie eine Genehmigung dafür einholen. Diese Arbeiten gehören auf jeden Fall in die Hände eines Fachmanns.

- Bei einem gemeinschaftlich bewohnten Haus müssen natürlich die anderen Eigentümer ebenfalls zustimmen.

- Jedes Jahr muss Ihre Brandstelle von einem professionellen Schornsteinfeger gereinigt und geprüft werden, damit Sie auch in einem Brandfall durch Ihre Versicherung geschützt sind.

Pure Schlichtheit kennzeichnet diesen modernen Kamin, der zu fast jedem Einrichtungsstil passt.

Sanfte Beleuchtung

Die Farben Ihrer Räume ändern sich, je nachdem, ob die Lichtquelle elektrisch oder natürlich ist. Verbannen Sie Neonlampen, welche die räumliche Wirkung verschlechtern und die Farben verarmen lassen. Wandleuchten helfen, den Kontrast zwischen erleuchteter Zimmermitte und dunklen Randzonen zu mildern.
Eine einzige Deckenleuchte in der Mitte des Zimmers wirkt nicht sehr originell und lässt räumliche Perspektiven viel flacher wirken. Um das zu vermeiden, sollten Sie mehrere, gut verteilte Lichtquellen in unterschiedlicher Höhe anbringen. Auf diese Weise lässt sich auch die gewünschte Helligkeit variieren. Dazu kann man noch Dimmer einsetzen, die an den jeweiligen Lampen angebracht werden, oder alles mit einer zentralen Steuerung regulieren.
Sie sollten wissen, dass Halogenleuchten, so praktisch sie auch sein mögen, einen hohen Energieverbrauch haben.
Bevorzugen Sie die Lichtquellen da, wo sie gebraucht werden, z. B. eine Stehlampe neben einem Sessel, auf dem Sie gern lesen, oder ein schwenkbarer Spot über der Arbeitsplatte. Sie können auch besonders schöne Möbel gut zur Geltung bringen, indem sie dahinter kleine Lichtquellen installieren.

Die Beleuchtung ist das zentrale Element jeglicher Innenraumgestaltung, daher verdient sie besondere Aufmerksamkeit. Achten Sie darauf, dass Ihre Leuchten nicht nur schön, sondern auch praktisch sind.

PRAKTISCHES

Fragebogen: Welcher Typ sind Sie?

Dieser Fragebogen wurde entwickelt, um Ihnen bei der Ausarbeitung Ihres Einrichtungsprojekts zu helfen. Antworten Sie so präzise wie möglich auf die folgenden Fragen, damit Ihr Profil genau bestimmt werden kann, wie es ein Profi (Architekt oder Innenausstatter) machen würde. Nehmen Sie die Informationen aus diesem Fragebogen zu Hilfe, und Sie erhalten ein individuelles Profil. Unser Ziel: eine gelungene Inneneinrichtung, die Ihrem Geschmack und Lebensstil entspricht.

1. Familienstand?

- ❑ Sie leben allein
- ❑ Sie leben zu zweit
- ❑ Sie haben kleine Kinder/Jugendliche
- ❑ Sie haben Haustiere

► Sie sind Single? Dann ist erst einmal alles möglich – außer, Sie teilen Ihr Leben mit einer Katze. Vorsicht vor allem bei Gardinen! Sind sie Mutter von kleinen Kindern? Erliegen Sie nicht der Versuchung einer Alcantara-Couch. Sie wäre viel zu empfindlich.

Suchen Sie Ihren Fußbodenbelag und Ihre Möbel mit Weitsicht und wohlüberlegt aus: Sie sollten haltbar und schön sein und deshalb zu Lebensstil und Gewohnheiten passen.

2. Wofür nutzen Sie das Zimmer?

- ❑ Arbeit
- ❑ Entspannung (Lesen, Fernsehen)
- ❑ Besuch (Freunde, Familie)
- ❑ Essen (täglich oder gar nicht)
- ❑ Essensvorbereitung
- ❑ Ausruhen (Schlafecke)

► Trifft das alles zu? Wenn ja, finden sicher all diese Dinge nicht gleichzeitig statt. Lassen Sie genügend freien Platz, damit Sie keinen Hindernislauf machen müssen, wenn Sie das Essen in der Essecke servieren, die sich am anderen Ende des Zimmes befindet. Und achten Sie darauf, der für Sie wichtigsten Aktivität auch den größten Platz einzuräumen. Zögern Sie nicht, vielleicht den Raum einmal ganz anders einzurichten: Zu diesem Zweck können Sie die Mustervorlagen im Anhang nutzen.

3. Der Deko-Stil Ihrer Träume

- ❏ Ethno-Stil
(Afrika, Asien, Mittelmeer)
- ❏ Bunter, poppiger Stil
- ❏ Sammler-Stil
(Antiquitäten, Sammlerstücke)
- ❏ Loft-Stil
(Arbeitsmöbel, Industriemöbel, Second-hand-Möbel)
- ❏ Minimalistischer Stil, Zen-Stil
(skandinavisch, japanisch, Designer)
- ❏ Landhaus-Stil
(Cottage-Stil, rustikaler Stil)

► Hocker im afrikanischen Stil und Jugendstillampen? Warum denn nicht? Wenn Sie diese Mischung zum Träumen bringt, ist das kein Problem, denn der Trend geht in Richtung Stilmix. Dank eines sehr großen und vielfältigen Angebots kann jeder seine Vorstellung verwirklichen, selbst mit einem kleinen Geldbeutel. Stöbern Sie in den entsprechenden Läden, suchen Sie im Internet, blättern Sie in Magazinen usw. Der bestimmte Sessel, den Sie suchen, wird sich irgendwo finden.

4. Farben, mit denen Sie leben möchten

- ❏ natürlich
- ❏ intensiv
- ❏ dunkel
- ❏ pastell
- ❏ neutral

► Anders als beim Mobiliar muss man sich hier ohne Frage festlegen: Was die Farben angeht, kann man nicht alles mischen, ohne dass es unharmonisch wird. Wenn Sie sich einmal entschieden haben, gibt es keine Unsicherheiten mehr! Wenn Sie möchten, lesen Sie noch einmal genauer auf den Seiten 34 und 35 nach.

5. Materialien, die Sie lieben

- ❏ Stoff, Holz, Papier: natürlich-pflanzliches Ambiente
- ❏ Glas, Metall, Stein: mineralisches Ambiente
- ❏ Kunstharz, Plexiglas, Plastik, Leder, Beton: modernes Ambiente

► Ein Ambiente mit Naturstoffen wirkt angenehm, zart und harmonisch. Es gefällt besonders Naturliebhabern, und es scheint einen Zusammenhang zwischen Umweltbewusstsein und diesem Einrichtungsstil zu geben. Materialien aus dem mineralischen Bereich schaffen eine kühlere, maskulinere Atmosphäre. Wenn Sie diese Wirkung etwas mildern wollen, greifen Sie zusätzlich auf Textilien in warmen Farben zurück (Teppiche, Gardinen, Kissen). Bevorzugen Sie einen eher fröhlich-dynamischen Stil, bieten Ihnen industriell erzeugte Materialien die Möglichkeit, Ihre Ideen umzusetzen. Es gibt Möbel mit sehr beschwingten, fließenden Formen. Bunt und häufig mit Motiven (Fotos, Abbildungen), verleihen sie Ihren Räumen ein wenig Großstadtflair.

6. Ihr idealer Wohnort

- ❑ Eine Altbauwohnung in der Stadt
- ❑ Eine Neubauwohnung in der Stadt
- ❑ Ein saniertes Atelier
- ❑ Ein Häuschen am Stadtrand
- ❑ Ein altes Gebäude

► Unser Ideal ist manchmal das, was wir nicht haben. Halten Sie an Ihrem Traum fest! Mit der ausreichenden Hartnäckigkeit können Sie es schaffen, Ihre Wohnung nach und nach in ein Mini-Loft zu verwandeln oder Ihr nagelneues Häuschen in ein Landhaus. Heutzutage ist alles möglich: Manchmal haben auch alte Landhäuser eine ultra-moderne Einrichtung. Andere wiederum lieben den Landhaus-Stil in einer Stadtwohnung.

7. Mögen Sie ...

- ❑ bauen, streichen?
- ❑ nähen?
- ❑ entwerfen, umgestalten?
- ❑ lieber Vorgefertigtes?

► Wenn Sie gern bohren, schleifen oder streichen, sollten Sie unbedingt Second-hand- und Antiquitätenläden nach Möbeln durchforsten. Hier ist Originalität zum kleinen Preis zu haben. Im entgegengesetzten Fall besuchen Sie lieber die großen Möbelanbieter. Wenn Sie kreativ, aber nicht der Meister der Stichsäge sind, können Sie Ihren Möbeln trotzdem einen persönlichen Touch geben, indem Sie sie ein wenig umgestalten und dekorieren.

8. Veränderung bedeutet ...

- ❑ einen Hauch von Freiheit, der beschwingt
- ❑ eine eher unangenehme Störung

► Dieser Fragebogen will nicht in die Tiefen Ihrer Psyche eindringen, sondern einen pragmatischen Beitrag zu Ihren Deko-Ideen liefern. Zögern Sie nicht, sich Ihre Räume ganz neu zu denken. Stellen Sie sich vollkommen andere Farben vor als die derzeitigen. Überdenken Sie Ihre Einrichtung, entfernen Sie eventuell Zwischenwände. Wenn Sie jedoch keine Zeit haben oder umfassende Veränderungen scheuen, stürzen Sie sich nicht in größere Umbauarbeiten, die Sie dann vielleicht nur belasten. Entscheiden Sie sich in diesem Fall für kleine Veränderungen, die sich schnell umsetzen lassen. Ein Farbanstrich, ein paar Deko-Artikel, eine neue Lampe, ein Teppich oder ein paar Kissen geben Ihrem Interieur neuen Schwung ohne umfangreiche Umbauaktionen.

FASSEN SIE IHR DEKO-PROFIL ZUSAMMEN:

14 EINRICHTUNGSIDEEN MIT GRUNDRISSEN

RECHTECKIGER RAUM MIT EINER EINZIGEN NATÜRLICHEN LICHTQUELLE

▶ Einrichtungsvorschlag 1

Die sehr offen gestaltete Wohnecke wurde nahe der Fensterfront platziert, um vom natürlichen Lichteinfall profitieren zu können. Abends beleuchtet eine überdimensionale Stehlampe diesen Bereich. Der rechteckige Esstisch wurde in der Nähe der Tür aufgestellt, um den Zugang von der Küche aus zu erleichtern.

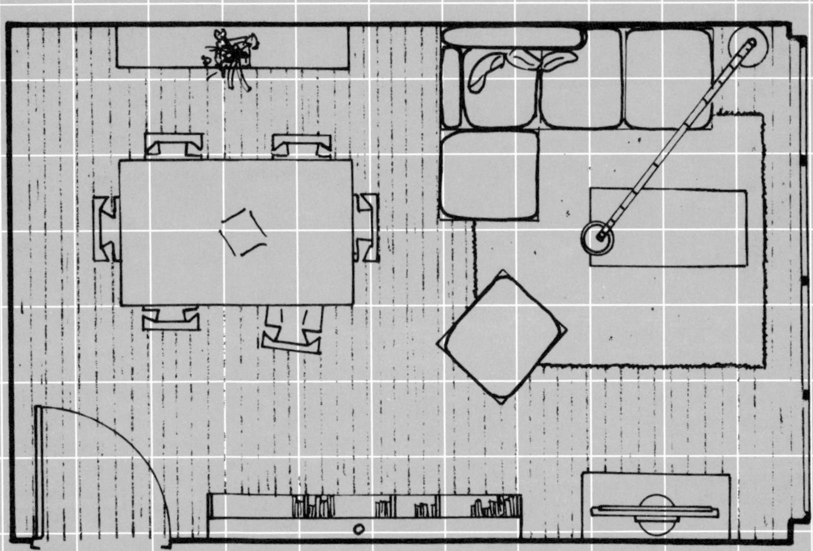

▶ Einrichtungsvorschlag 2

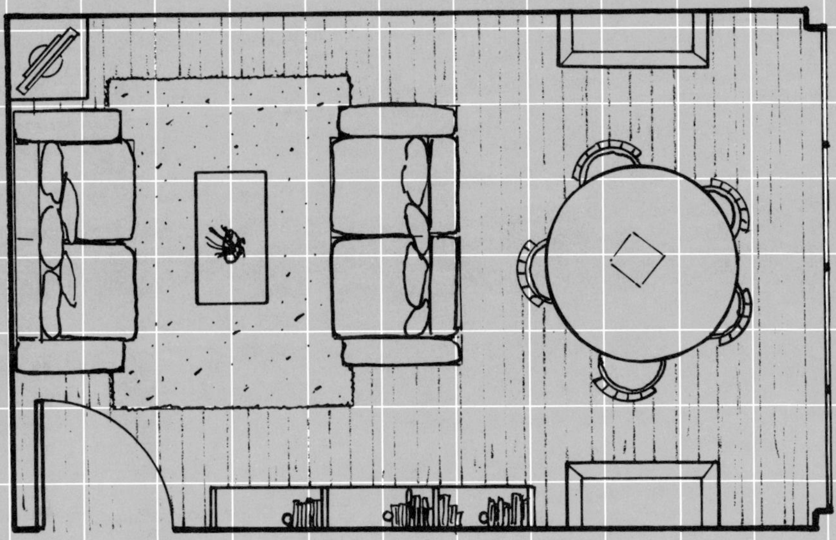

Dieser Vorschlag legt den Schwerpunkt auf die Akzentuierung des Wohnbereichs: Er ist der erste Bereich, den man im Raum betritt, und nimmt viel Platz in Anspruch. Hier können viele Gäste empfangen werden und sich bestens unterhalten. Im hinteren Teil des Raumes steht in der Nähe des Fensters ein runder Tisch. Die Essecke ist also untergeordnet, aber ohne ihre Autonomie im Raum zu verlieren.

GROSSES WOHNZIMMER MIT ZWEI GEGENÜBERLIEGENDEN KAMINEN

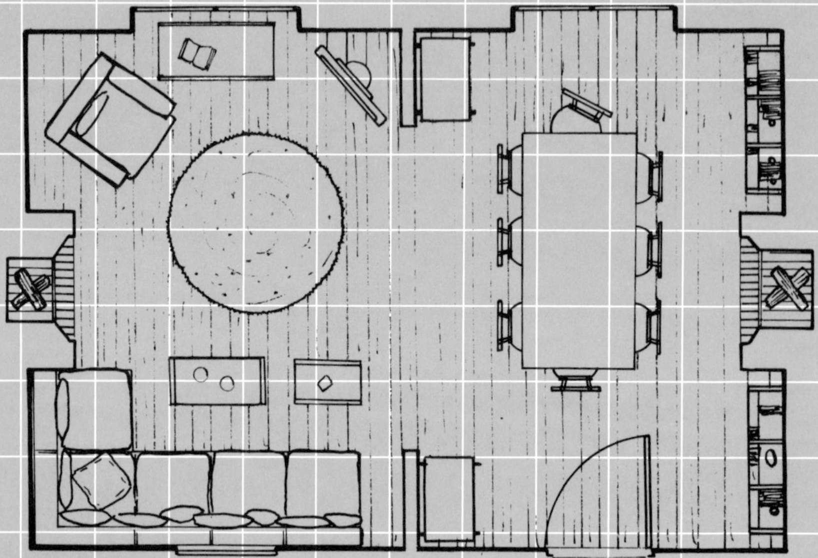

▶ Einrichtungsvorschlag 2

Der Verschluss der seitlichen Tür des Wohnzimmers lässt genug Platz für ein großes Ecksofa. Die beiden Beistelltische davor sind von allen Sitzgelegenheiten aus gut zu erreichen. Ein größerer Tisch wurde vor das Fenster gestellt und hält auf diese Weise den Platz in der Raummitte frei. Er kann als Serviertisch oder Abstellmöglichkeit für den geräumigen Sessel in der Leseecke dienen. Im Essbereich stehen ein rechteckiger Tisch und zwei niedrige Schränke, in denen sich Geschirr und Tischwäsche befinden.

▶ Einrichtungsvorschlag 1

Die beiden Türen der früher getrennten Zimmer wurden beibehalten, sodass man den Raum nun durch zwei Zugänge betreten kann. Auf beiden Seiten wurden die Gauben neben dem Kamin gut genutzt: in einem Teil des Zimmers für Bücherschränke, in der anderen Hälfte für zwei große Schränke. Im Wohnbereich in L-Form, der zum Kamin hin ausgerichtet ist, lässt es sich bequem fernsehen. Die beiden Sofas sind durch einen Couchtisch miteinander verbunden, den man verschieben kann. In der Nähe der Tür steht ein kleiner Schreibtisch.

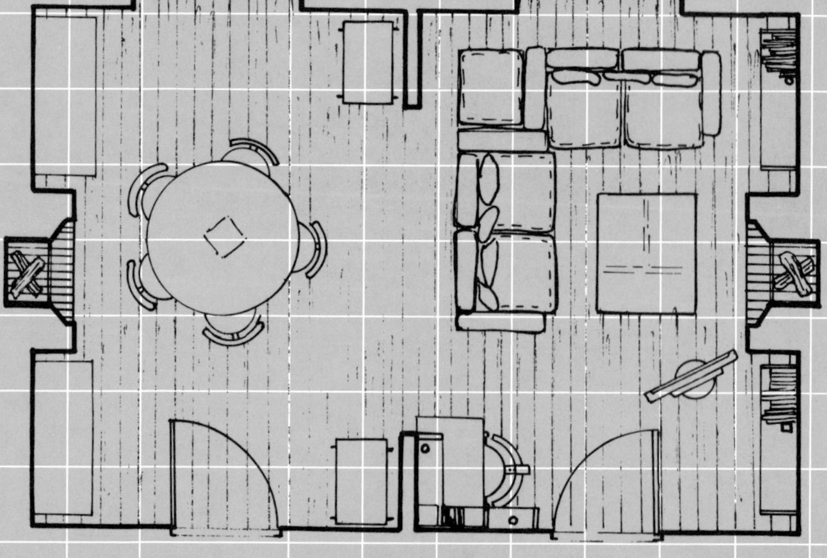

WOHNZIMMER MIT OFFENER KÜCHENECKE

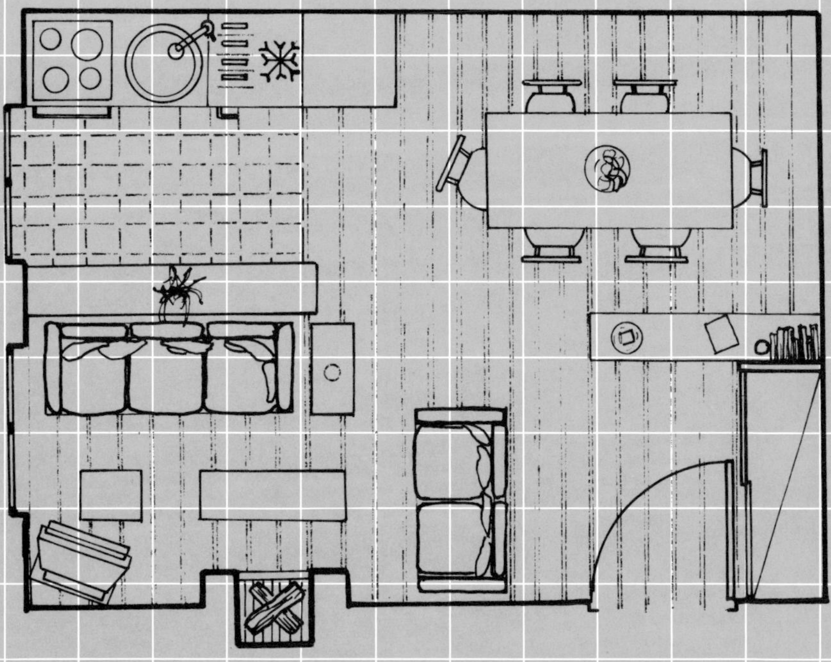

► Einrichtungsvorschlag 1

Die Küchenecke ist durch die Bodenfliesen und durch eine kleine Theke vom restlichen Raum abgegrenzt. Die Fliesen sind im Küchenbereich praktisch und pflegeleicht. Der untere Teil der Theke besteht aus Regalfächern, in denen man viele Dinge unterbringen kann. Die geraden Linien des Raumes werden durch die Position eines verschiebbaren Aufbewahrungscontainers aufgenommen und fortgesetzt. Der große Esstisch befindet sich in der Nähe der Küchenecke, um die Wege während der Mahlzeiten möglichst kurz zu halten. Der Kamin ist das Highlight des Wohnbereichs.

► Einrichtungsvorschlag 2

Die Ess- und Küchenecke wurden hier eher klein gehalten, damit der große und schöne Teil des Raumes für den Wohnbereich zur Verfügung steht. Auf den beiden in L-Form angeordneten Sofas kann man gemütlich fernsehen oder lesen. Ein Kleiderschrank und ein Sideboard umrahmen die Wohnzimmertür. So kann man sonst ver--schenkten Raum sinnvoll nutzen. Eine Variante: Um den Küchenbereich deutlicher abzugrenzen, könnte man die niedrige Thekenkonstruktion auch hochkant zwischen den beiden Bereichen anbringen.

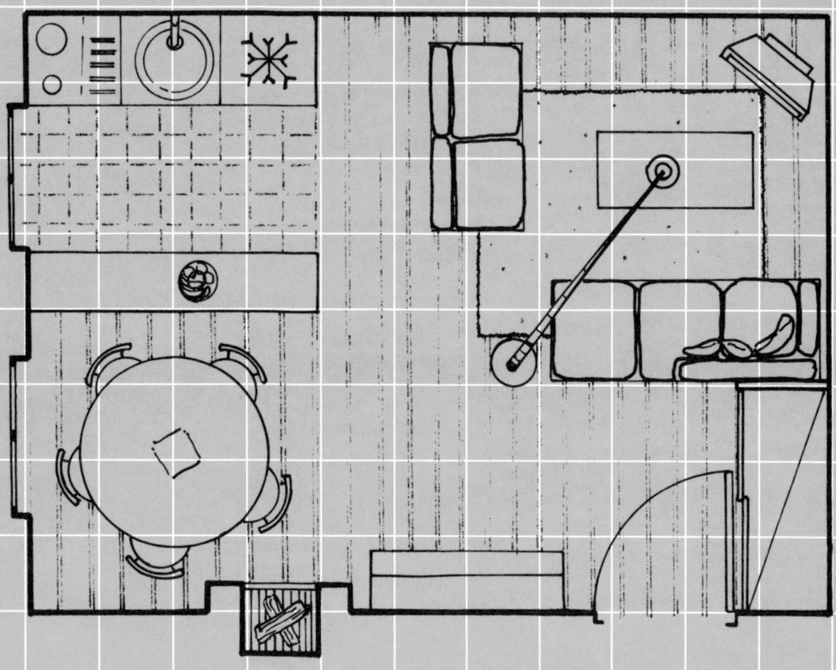

WOHN-SCHLAFZIMMER

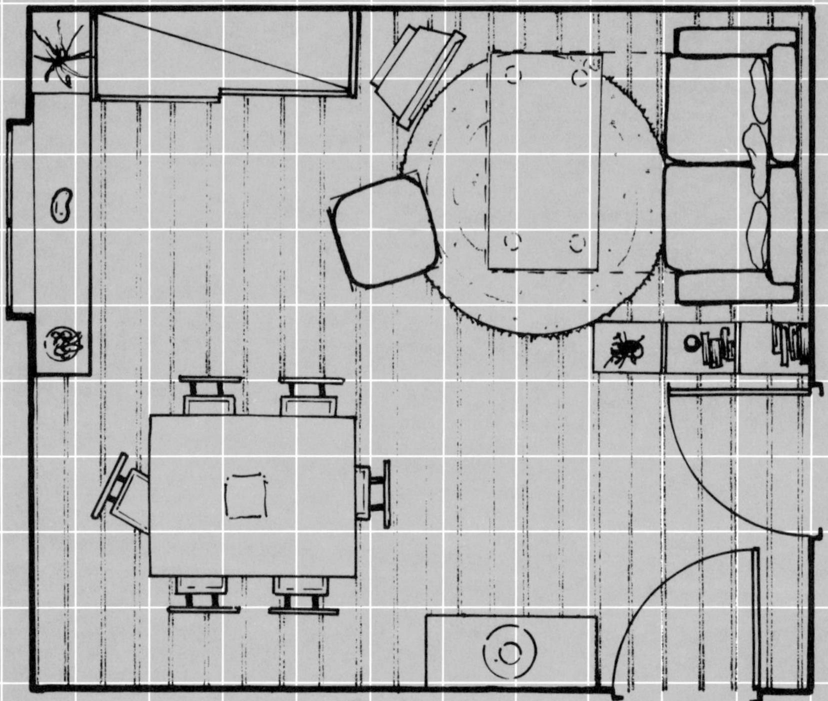

▶ Einrichtungsvorschlag 1

Der Wohn-Schlafbereich ist in einer Ecke des Raumes untergebracht. Ein niedriges Regal trennt ihn ein wenig ab. Da der Couchtisch Rollen hat, kann man ihn bei herausgezogenem Sofa auch als Nachttisch nutzen. Der Fernseher muss nicht umgestellt werden, um auch im Liegen fernsehen zu können. Der Platz reicht aus, um gut an alle Schränke zu kommen. Praktisch ist auch das kleine Möbelstück unter dem Fenster, das den Schrank optimal ergänzt. In Reichweite des Esstisches befindet sich außerdem ein Geschirrschrank.

▶ Einrichtungsvorschlag 2

Hier hat man sich dafür entschieden, für die Nacht ein wenig mehr Abgeschlossenheit zu schaffen, indem ein Vorhang das Zimmer teilt. Tagsüber schiebt man ihn einfach beiseite. Der Couchtisch auf Rollen kann leicht weggeschoben werden, um seinen Platz dem Schlafsofa zu überlassen. Der große Hocker hingegen kann als Nachttisch dienen. Der geräumige Bücherschrank lässt sogar Platz für ein paar geschlossene Fächer, in denen man Kleidung oder persönliche Dinge unterbringen kann.

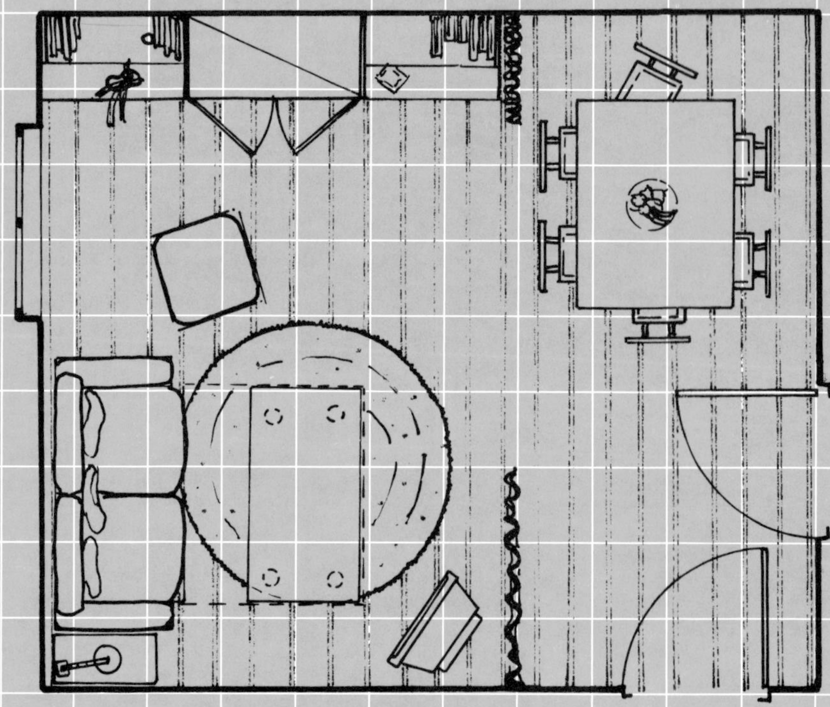

EIN ASYMMETRISCHER RAUM

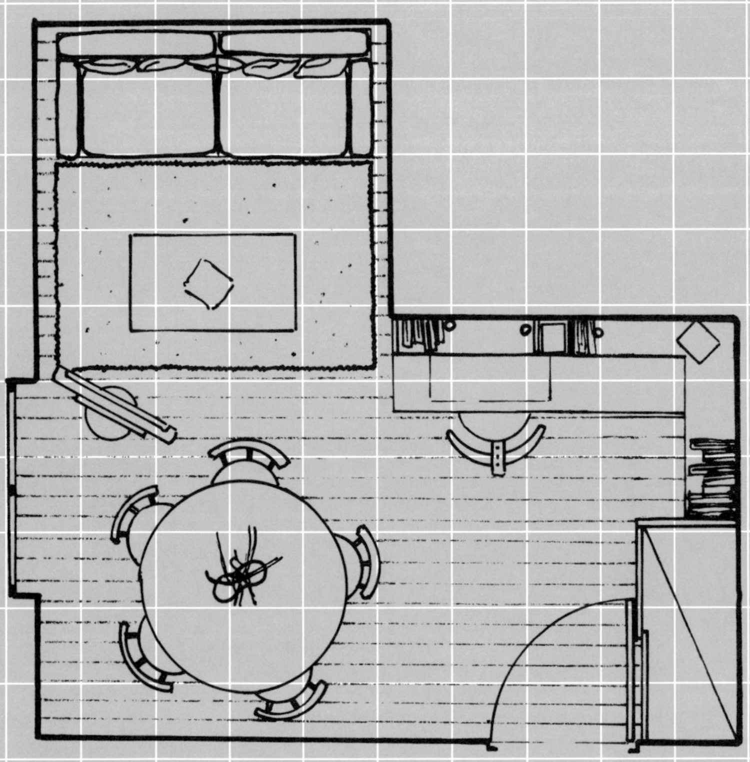

▶ Einrichtungsvorschlag 1

Der Esstisch hat hier den besten Platz im Raum, weil er oft und viel genutzt wird. Er steht unweit der Tür, damit er leicht zugänglich ist, wenn man aus der Küche kommt. Die große Nische, die diesen Raum bestimmt, schafft eine gemütliche Atmosphäre, allerdings ist hier eine gute Beleuchtung erforderlich, da selbst am hellichten Tag nur wenig Tageslicht in diesen Bereich fällt. Die Ecke gegenüber der Tür wurde optimal genutzt, indem man das Bücherregal mit einer Schreibtischplatte in L-Form verlängert hat. Neben der Tür steht ein Schrank, der viel Stauraum bietet, sodass kein Platz ungenutzt bleibt.

▶ Einrichtungsvorschlag 2

Diese Variante gibt wiederum dem Wohnzimmerbereich den Vorzug. Der rechteckige Esstisch wurde in der „toten" Ecke aufgestellt. Man gewinnt auf diese Weise sehr viel Platz. Da der Tisch selten zum Essen dient, kann er auch als Schreibtisch genutzt werden. Das Zimmer wirkt großzügig und hell. Die Schränke wurden an der Wand rechts neben der Tür platziert, wo sie kaum ins Auge fallen.

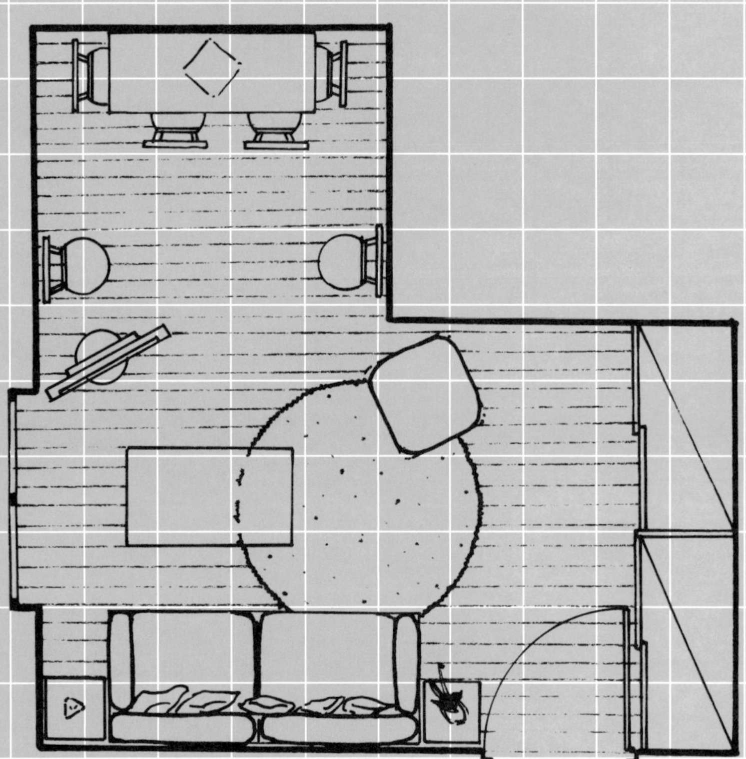

ALLES IN EINEM RAUM

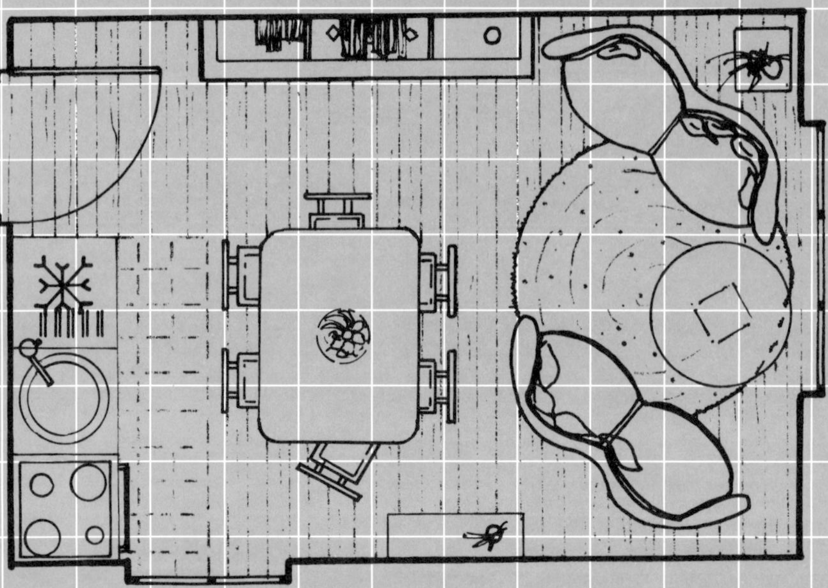

▶ Einrichtungsvorschlag 1

Die besondere Wirkung dieses großen Raumes beruht auf den beiden großen Fenstern, die jede Menge Tageslicht einlassen. Auch die Küchenecke profitiert von einem der beiden Fenster. Der Esstisch wurde sinnvollerweise in Küchennähe aufgestellt. Im hinteren Bereich des Zimmers stehen sich zwei Sofas gegenüber und lockern durch ihre Anordnung den gesamten Raum auf. Der große Bücherschrank ist ein dominierendes Möbelstück und stellt die Verbindung zwischen beiden Bereichen her. Er bietet auch Platz für Geschirr.

▶ Einrichtungsvorschlag 2

Platziert man den Esstisch mehr in Wandnähe, so erhält man einen besseren Durchgang zum Wohnbereich. Die Anrichte in Reichweite beherbergt alles, was man an Geschirr und Tischwäsche braucht und entlastet auf diese Weise den knappen Stauraum in kleinen Küchen. Vor der Küchenzeile wurde ein schmaler Fliesenstreifen verlegt, der sich leicht reinigen lässt. Beim Dekor hat man sich hier für eine neutrale Version entschieden, denn die Fliesen schließen direkt an das Parkett an. Getrennt werden Küche und Wohnbereich durch eine kleine Mauer.

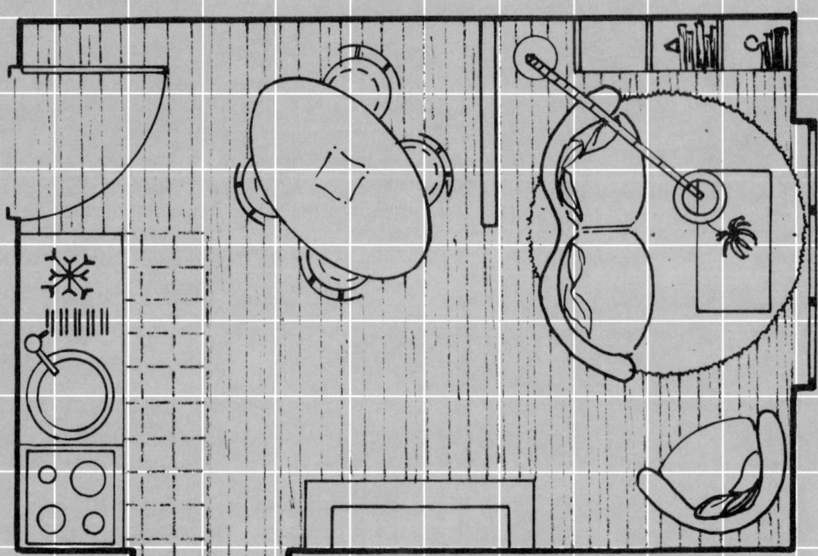

EIN QUADRATISCHES ZIMMER

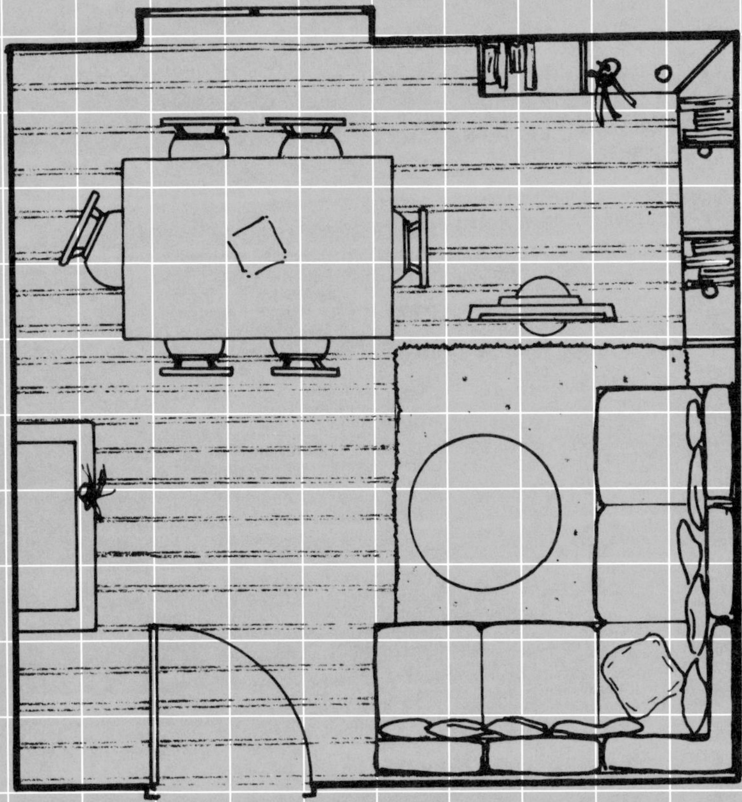

▶ Einrichtungsvorschlag 1

Für jeden Nutzungsbereich kann eine eigene Zimmerecke dienen. Eine Eckcouch bietet vielen Besuchern Platz, ohne dass man auf Sessel angewiesen ist, denn diese nehmen sehr viel Platz in Anspruch. Ein Pluspunkt dieses Einrichtungsvorschlages ist der schöne Bücherschrank, der die Raumecke ausfüllt, aber das Zimmer zur Mitte hin offen lässt. Die Essecke, die sich am Fenster befindet, wird durch einen kleinen Geschirrschrank vervollständigt.

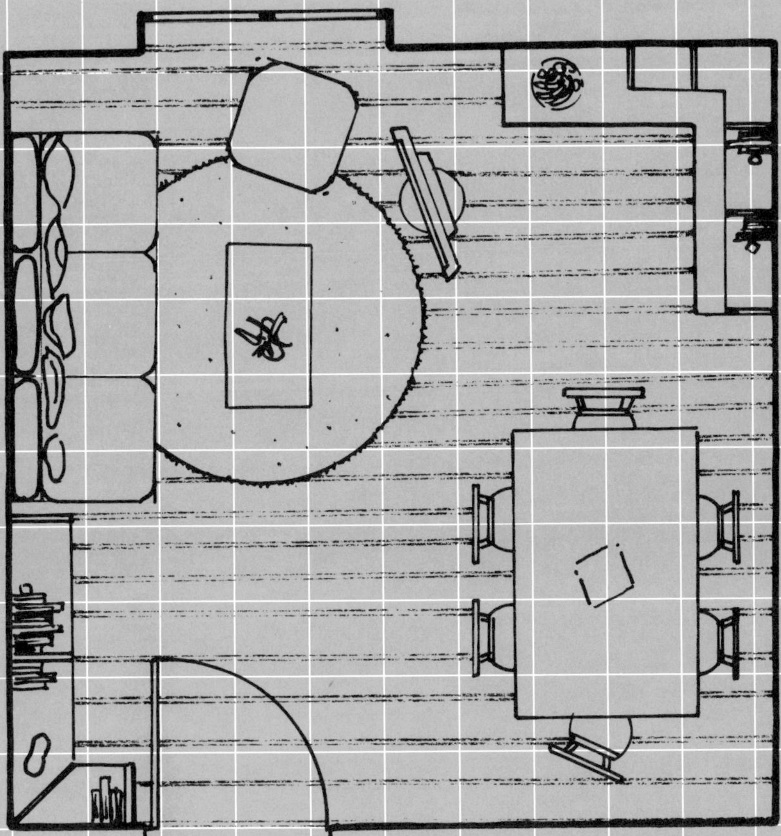

▶ Einrichtungsvorschlag 2

Hier wurden alle Möbel so angeordnet, dass die Mitte des Raumes möglichst frei belassen ist, damit man einen besseren Durchgang erhält. Bei Bedarf lässt sich der Esstisch ausziehen und bietet vielen Gästen Platz. Die Stärke dieses Zimmers liegt in den freien Flächen. In der Ecke links neben der Tür steht ein kleiner Bücherschrank. In der Zimmerecke gegenüber befindet sich ein niedriges Sideboard, das Stauraum für Geschirr, sonstige Unterlagen oder Bücher bietet.

PLANEN SIE IHRE RÄUME

► Zeichnen Sie den Grundriss Ihres Raumes (vergessen Sie dabei Fenster und Türen nicht) mithilfe eines quadratischen Rasters (1 cm = 25 cm).

► Auf der folgenden Doppelseite finden Sie verschiedene Muster von Möbeln und Einrichtungsgegenständen. Fotokopieren Sie diese und schneiden Sie dann diejenigen Elemente aus, die Sie brauchen (Tisch, Sofa, Schränke, Teppich usw.), um sie als Schablonen zu verwenden.

► Legen Sie die ausgeschnittenen Formen auf Ihren Grundriss, um die Aufteilung zu finden, die am besten zu Ihrem Raum passt. Probieren Sie ruhig viele Varianten aus, testen Sie alle Möglichkeiten!

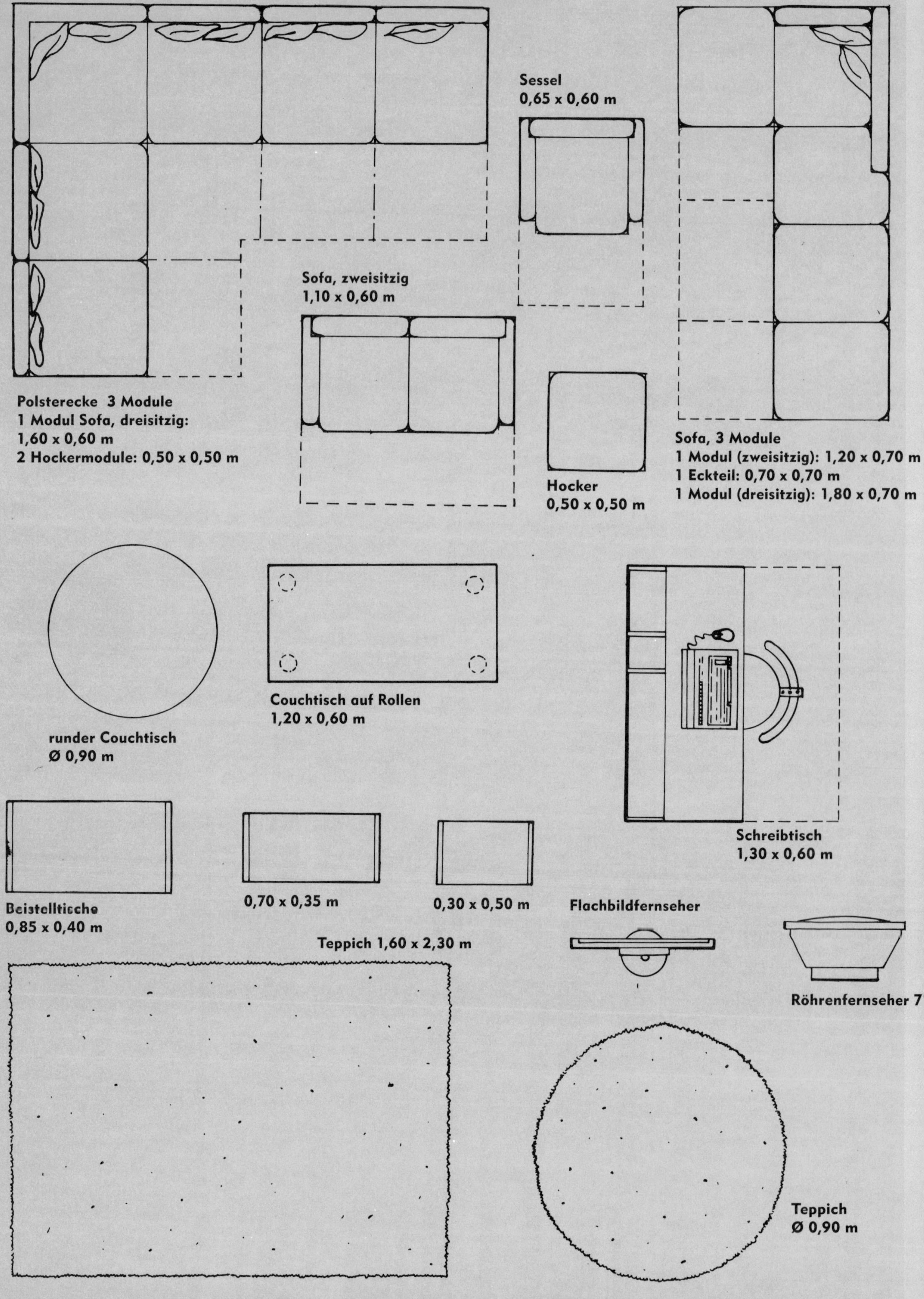
Sessel
0,65 x 0,60 m
Sofa, zweisitzig
1,10 x 0,60 m
Polsterecke 3 Module
1 Modul Sofa, dreisitzig:
1,60 x 0,60 m
2 Hockermodule: 0,50 x 0,50 m
Hocker
0,50 x 0,50 m
Sofa, 3 Module
1 Modul (zweisitzig): 1,20 x 0,70 m
1 Eckteil: 0,70 x 0,70 m
1 Modul (dreisitzig): 1,80 x 0,70 m
runder Couchtisch
Ø 0,90 m
Couchtisch auf Rollen
1,20 x 0,60 m
Schreibtisch
1,30 x 0,60 m
Beistelltische
0,85 x 0,40 m
0,70 x 0,35 m
0,30 x 0,50 m
Flachbildfernseher
Röhrenfernseher 7
Teppich 1,60 x 2,30 m
Teppich
Ø 0,90 m

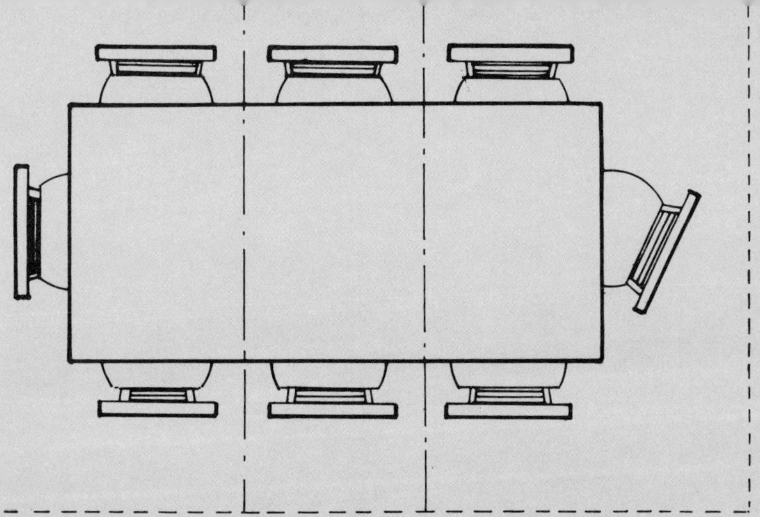

Rechteckiger Esstisch für 4 Personen: 0,60 x 0,85 m

6 Personen 1,20 x 0,85 m

8 Personen 1,80 x 0,85 m

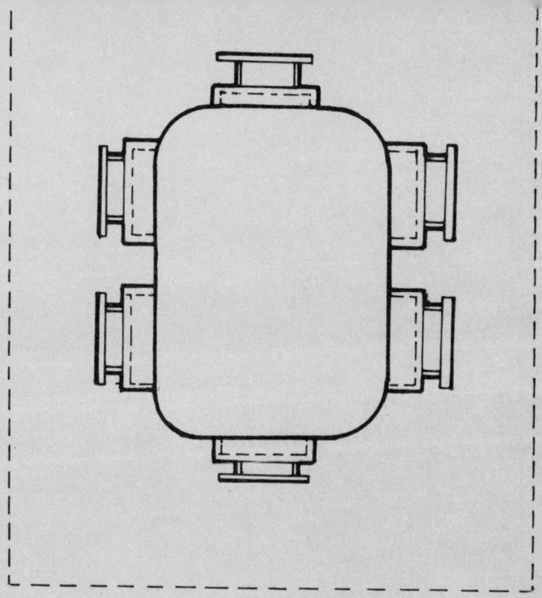

Esstisch 0,80 x 1,10 m

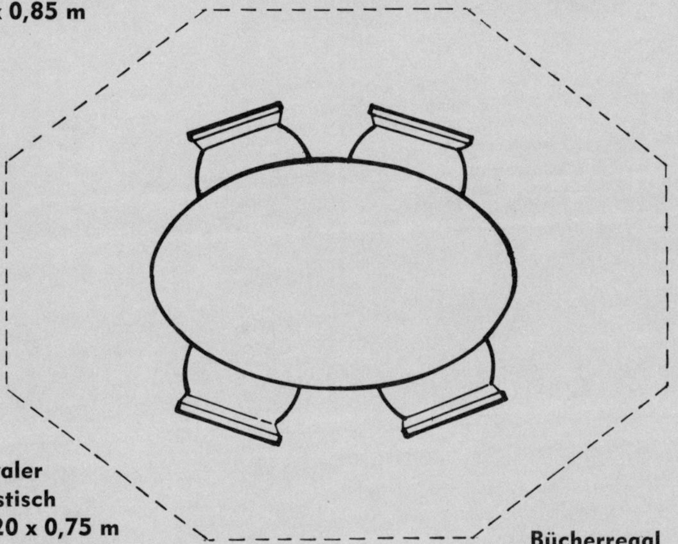

Ovaler Esstisch 1,20 x 0,75 m

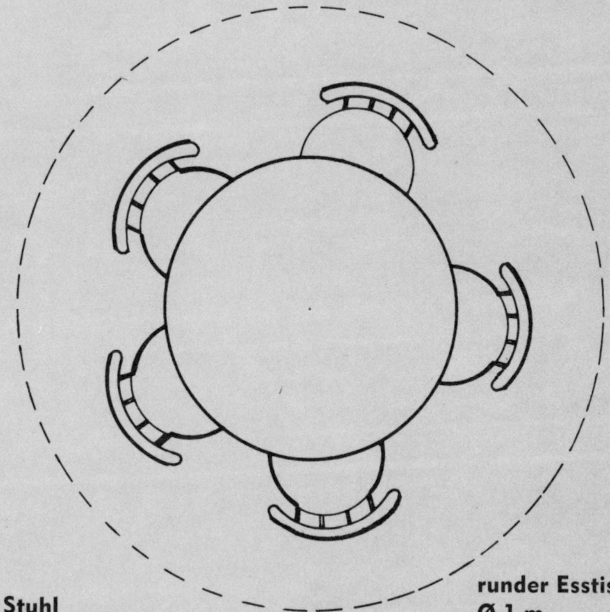

runder Esstisch Ø 1 m

Bücherregal 1 Modul 1 x 0,35 m

Konsoltisch (ausgeklappt) 0,40 x 1,20 m (2 x ausgeklappt)

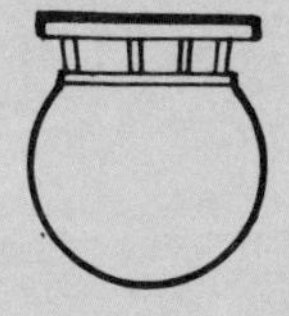

Stuhl (Standard)

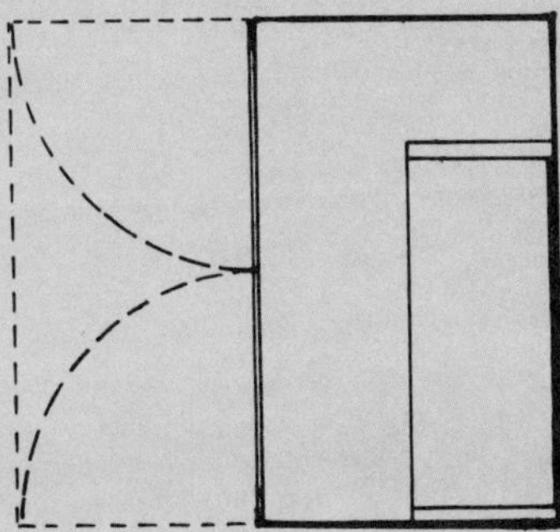

Anrichte/Bücherschrank 1 Modul 1 x 0,60 m

Wandschrank 1,50 x 0,60 m

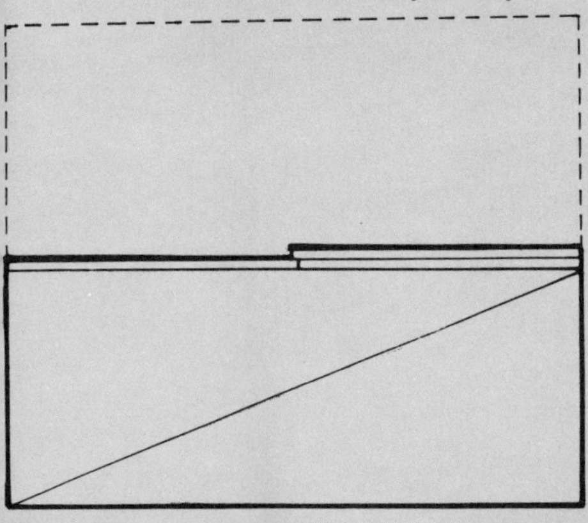

Regalschrank 0,70 x 0,50 m

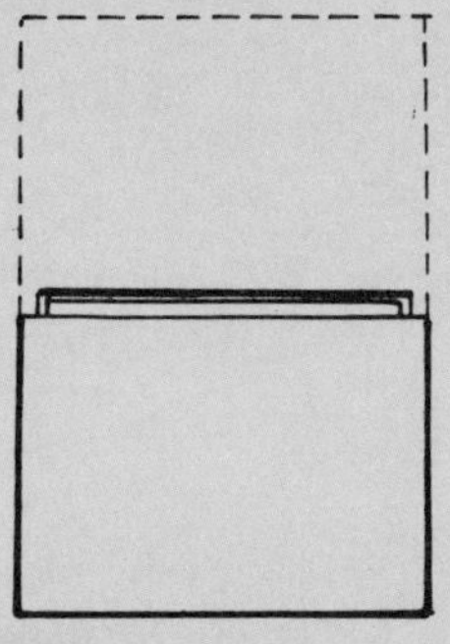

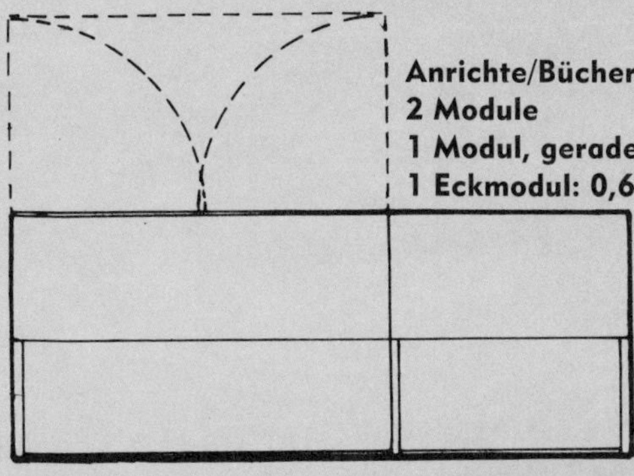

Anrichte/Bücherschrank 2 Module
1 Modul, gerade: 1 x 0,60 m
1 Eckmodul: 0,60 x 0,60 m

ADRESSVERZEICHNIS

▶ BAUMÄRKTE UND EINRICHTUNGSHÄUSER

Bauhaus
Tel.: 0800-3905000
www.bauhaus.info

Globus
Tel.: 06898-5150
www.globus-baumarkt.de

Habitat
Tel.: 0231-7254830
www.habitat.de

Hagebau
Tel.: 0180-5030003
www.hagebau.de

Hornbach
www.hornbach.de
Tel.: 06348-6000

Ikea
Tel.: 01805-353435
www.ikea.de
Eine große Auswahl an Einrichtungen zum Selbstzusammenstellen, mithilfe eines Beraters und einer Umsetzung am Computer. Zahlreiche Utensilien und sogar Elektrogeräte.

OBI
Tel.: 01805-624624
www.obi.de

Praktiker
Tel.: 0800-1222122
www.praktiker.de

toom
Tel.: 0800-7763422
www.toom-baumarkt.de

▶ VERSANDHÄUSER

Otto
Tel.: 0180-53030
www.otto.de
Großes Versandhaus, alle Sparten, darunter auch Wohnen, Baumarkt, Deko, Elektro- und Großgeräte.

Neckermann
Tel.: 0180-55414
www.neckermann.de
Wohnen, Haushalt, Garten- und Baumarkt

Quelle
Tel.: 0180-53100
www.quelle.de
Wohnen und Haushalt, Möbel, Deko, Haushaltsgeräte usw.

Westfalia
Tel.: 0180-5303132
www.westfalia.de
Traditionsversandhaus für Werkzeug, Elektronik, Haus und Garten usw.

▶ WAND- UND BODENBELÄGE

FLIESEN

Deutsche Steinzeug AG
Tel.: 0228-3911006
www.deutsche-steinzeug.de

Korzilius
Tel.: 02623-6090
www.korzilius.de

Osmose
Tel.: 02602-6880
www.osmose-baukeramik.de

Villeroy und Boch
Tel.: 06864-810
www.villeroy-boch.com

PARKETT UND ANDERE BODENBELÄGE

BELO Parkett
Tel.: 02428-90450
www.belo-parkett.de

Bembé Parkett
Tel.: 07931-9660
www.bembe.de

Bona
Tel.: 06431-40080
www.bona.com

Forbo Bodenbeläge
Tel.: 05251-18030
www.forbo-flooring.de

Friedola
Tel: 05651-3030
www.friedola.de

Haro
(Hamberger Industriewerke GmbH)
Tel.: 08031-7000
www.haro.de

Meyer Parkett
Tel: 0043-31355020
www.meyerparkett.at

MOSO Bambus
Tel.: 0031-229265732
www.moso-bambus.de

Tarkett
Tel.: 06233-810
www.tarkett-floors.com

▶ BELEUCHTUNG

In dieser Kategorie ist es nur schwer möglich, eine Liste zu erstellen, die alle Hersteller berücksichtigt. Deshalb eine alphabetische Auswahl, die keinen Anspruch auf Vollständigkeit erhebt:

AEG Lichttechnik

ANSORG Lichttechnik

ASMUTH Lichttechnik

BAULMANN Lichttechnik und Leuchten
bega Lichttechnik

CP-LICHT DESIGN

Hellux Leuchten

hoffmeister Lichttechnik

KBS-Technik

KOTZOLT Lichtdecken, Designleuchten, Strahler und Downlights

MISSAL Lichttechnik

milano Lichttechnik

mmco Lichttechnik

OSRAM Allgemeinbeleuchtung

OTTERPOHL Lichttechnik

OVERDICK Lichttechnik

SEDITEX Leuchten und Lichtdecken

Starlicht Lichttechnik

STENG LICHT Lichttechnik

Radium Lampenwerk

reggiani Italienischer Hersteller für Lichttechnik

ridi Lichttechnik

Ritto Lichttechnik

TRIO-Leuchten Lichttechnik

trilux Lichttechnik

VIVALUX Lichttechnik

▶ ÖKOLOGISCHE RAUMGESTALTUNG

Leinos Naturfarben/
Reincke Naturfarben GmbH
Rudolf-Diesel-Str. 4
21614 Buxtehude
Tel.: 04161-87549
Fax: 04161-78369
www.leinos.de

Lonsberg Naturbetten
Textilwerk P. Lonsberg GmbH
Am Pastorsbusch 6
33129 Delbrück
Tel.: 05250-51090
Fax: 05250-510939
E-Mail: info@lonsberg.de

ÖkoControl/ProÖko
Gesellschaft für Qualitätsstandards ökologischer Einrichtungshäuser mbH
Subbelrather Str. 24
50823 Köln
Tel.: 0221-5696820
Fax: 0221-5696821
E-Mail: info@pro-oeko.com

Parkett Naturnah
Adersstraße 5
42119 Wuppertal
Tel.: 0202-2422277
Fax: 0202-2422278
E-Mail: info@naturnah. de

WohnArt GmbH
König-Karl-Straße 83
70372 Stuttgart
Tel.: 0711-5782806
Fax: 0711-588811
E-Mail: wohnart-stuttgart
@email.de

▶ PLANUNG UND DURCHFÜHRUNG VON BAUPROJEKTEN, AUCH NACH ÖKOLOGISCHER BAUWEISE (nach PLZ)

Kaden + Klingbeil Architekten
Liselotte-Hermann-Str. 3

10407 Berlin
Tel.: 030-48624662
Fax: 030-48624661
E-Mail: info@kaden-klingbeil.de

Dipl.-Ing. Architekt
Sven Klobe
Kaufhausstr. 4
21335 Lüneburg
Tel.: 04131-267881
Fax: 04131-267883
E-Mail: sk@planungswerk-architektur.de

Zimmerei Arne Jacob
Am Alten Sägewerk 18
21400 Holzen
Tel.: 04137-1450
Fax: 04137-814780
E-Mail: info@zimmerei-jacob.de

Moresby Haustechnik & Elementproduktion GmbH & Co. KG
Gretchenkoppel 3a
22399 Hamburg
Tel.: 040-6063145
E-Mail: info@moresbyhaus.de

SUCKFÜLL
Zimmerei & Holzbau
Pannsweg 29
22417 Hamburg
Tel.: 040-53908807
Fax: 040-53908398
E-Mail: info@holzbau-suckfuell.de

Zimmerei & Bauelemente
Andreas Johnsen
Corbekstraße 3
22969 Witzhave
Tel.: 04104-6741
Fax: 04104-7827
E-Mail: info@zimmerei-johnsen.de

Dipl.-Ing. Architektin
Alexandra Stauvermann
Dankwartsgrube 45
23552 Lübeck
Tel.: 0451-4008394
Fax: 0451-4008395
E-Mail: info@astauvermann.de

Naturbau Meldorf GmbH
Österstr. 57
25704 Meldorf
Tel.: 04832-5151
Fax: 04832-5152
E-Mail: info@naturbau-meldorf.de

Kantholz-Zimmerei
Schlagbaumweg 15
26131 Oldenburg
Tel.: 0441-505816
Fax: 0441-506779
E-Mail: info@kantholz-zimmerei.de

HABITARE-Hauskonzepte
Hauptstraße 60
28816 Stuhr
Tel.: 0421-4919121
Fax: 0421-4919579
E-Mail: info@habitare-hauskonzepte.de

manufactum NEH GmbH
Boschstraße 5
32051 Herford
Tel.: 05221-32957
Fax: 05221-347812
E-Mail: dialog@manufactum.net

Ökologische Baustoffe Bielefeld
Siechenmarschstr. 21
33615 Bielefeld
Tel.: 0521-64942
Fax: 0521-60522
E-Mail: Info@oeko-bauwelt.de

Gast + Partner GmbH
Pillmannstr. 21
38112 Braunschweig
Tel.: 0531-2312222
Fax: 0531-316006
E-Mail: info@gast-partner.de

Zimmerei Zultner GmbH & Co. KG
Industriestr. 20
42499 Hückeswagen
Tel.: 02192-931537
Fax: 02192-931539
E-Mail: zimmerei-zultner@t-online.de

riek-architektur
Uhlandstraße 61
45468 Mülheim a. d. Ruhr
Tel.: 0208-2999725
Fax: 0208-2999724
E-Mail: info@riek-architektur.de

wohnbehagen gmbh & co. kg
Hainbuchenstr. 19
48712 Gescher-Hochmoor
Tel.: 02863-381430
Fax: 02863-383979
E-Mail: dialog@wohnbehagen.eu

Ökobau Tiarks
Markt 6
49324 Melle
Tel.: 05422-43380
E-Mail: tiarks@vr-web.de

ecoMANDANT GmbH
Aachener St. 1158 a
50858 Köln

Tel.: 02234-943891
Fax: 02234-943892
E-Mail: info@koelner-holzhaus.de

skt-umbaukultur
Buschstraße 20
53113 Bonn
Tel.: 0228-218706
Fax: 0228-217101
E-Mail: cs@umbaukultur.eu

Energie- und umweltgerechtes Bauen Schwering
Oestricher Straße 57
58638 Iserlohn
Tel.: 02371-12211
Fax: 02371-27872
E-Mail: architekt@leo-schwering.de

Planungsbüro Hagenmüller
Hortensienweg 9
65201 Wiesbaden
Tel.: 0611-601484
Fax: 0611-41140808
E-Mail: ahagenmueller@aol.com

Holzbau GmbH
Max-Born-Str. 12a
68169 Mannheim
Tel.: 0621-3212123
Fax: 0621-3212124
E-Mail: holzbau-gmbh@t-online.de

A-Plan GbR
Weipertstraße 8-10
74076 Heilbronn
Tel.: 07131-7669470
Fax: 07131-7669479
E-Mail: info@a-plan-gbr.de

Bauteam26
Bergmannstr. 26
80339 München
Tel.: 089-74132410
Fax: 089-74132426
E-Mail: info@bauteam26.de

KOBUS Die Haus manufaktur GmbH
Einharting 12
83567 Unterreit
Tel.: 08638-98700
Fax: 08638-987097
E-Mail: info@kobus-haus.de

Freier Architekt und Energieberater
Hohgreut 3
88364 Wolfegg
Tel.: 07527-5401
Fax: 07527-918797
E-Mail: franz.fuessinger@t-online.de

architekturbüro bucher + hüttinger
Gleiwitzer Str. 22
91074 Herzogenaurach
Tel.: 09132-735695
Fax: 09132-735694
E-Mail: hb@bucher-huettinger.de

Naturwerk GmbH
Dorfstraße 39b
92331 Parsberg
Tel.: 09492-9079505
Fax: 09492-9079510
E-Mail: info@naturwerk-gmbh.de

Ökohaus Kandl GmbH
Schweinhofer Str. 42
97616 Bad Neustadt
Tel.: 09771-995162
Fax: 09771-995163
E-Mail: info@kandlhaus.de

Karlburger Holzbau GmbH
Hessheimer Weg
97753 Karlburg
Tel.: 09353-982255
Fax: 09353-982277
E-Mail: bauen@karlburger-holzbau.de

NOTIZEN

REGISTER

DANKSAGUNG

Wir danken besonders allen, die uns freundlicherweise ihre Türen geöffnet und einen Blick in ihr Wohnzimmer gestattet haben. Danke für die Geduld, mit der sie notwendigerweise auf ihre schönen Wohnzimmer verzichtet haben, um die Vorbereitung dieses Buches zu ermöglichen.

Wir danken ebenfalls:
Robert Gervais, Architekt;
Reynald Leroy, Designer;
Christina Zonca, Kunsthandwerkerin;
den Ausstellungsräumen *Côté Marly, Portobello, Au fil des couleurs* und *Matières* dafür, dass sie uns ihre Räume überlassen haben, sowie den Zeitschriften *©Déco* und *Journal de la Maison.*

Nicht zuletzt danken wir Agnès Busière, der Herausgeberin, für ihre Vorschläge und die wertvolle Begleitung unserer Arbeit.

Corinne Kuperberg & Sylvie Durand

Fleurus Idee is an imprint of Fleurus Verlag

Illustrationen: Virginie Jacot
Grundrisse: Muriel Souilhac

Übersetzung aus dem Französischen:
Brigitte Unruh-Salchow (für akapit Verlagsservice)

Redaktion und Produktion der deutschen Ausgabe:
akapit Verlagsservice, Berlin – Saarbrücken

Umschlaggestaltung:
MWK, Köln

ISBN 978-3-89717-573-0

Printed and bound in October 2008
by Book Partners China Ltd.

10 9 8 7 6 5 4 3 2 1